小さな会社のための「お金の参考書」

【監修】 山本 俊成 ファイナンシャル・マネジメント代表
森田 直子 エヌワンエージェンシー代表
【著】 垣畑 光哉 マネーコンフォート代表

幻冬舎

はじめに

一人の経営者として思うこと

学卒後に外資系の金融機関へ10年間勤務の後、独立起業して14年。私自身、会社を設立して現在で13期目になる会社の経営者なのですが、会社のフェーズがいかに成長しようとも、経営課題は尽きることがありません。

そんな経営課題に対して様々なソリューションを提供する専門家がこんなにも世の中に存在するとは、会社勤めの時代には思いもよらないことでした。例えば、その筆頭は税理士や公認会計士、司法書士、弁護士、社会保険労務士等のいわゆる〝士業〟と呼ばれる専門家たちであり、さらには各分野の経営コンサルタントやファイナンシャルプランナー、保険代理店などもその一翼を担っているといってよいでしょう。

彼らは有益な情報を提供してくれる専門家として非常に重宝するのですが、残念ながら一部には、こちらの必要性やタイミングを全く無視して、営業まがいの売り込みを掛けてくる〝輩《やから》〟も少なからず存在します。そのようなことが続くと、有益な情報ですら十把一絡《から》げにしてシャットアウトせざるを得ない。そんな心当たりが皆さんにもあるのではないでしょうか。

経営者にとって何よりも大切な時間を浪費されるのは本当に腹立たしいことなのですが、そうした情報自体はこちらが必要性を感じていたり、タイミングが合ったりしていれば、本来は耳を傾けるべきヒントの宝庫であることも事実。

必要なときに、必要な情報が気軽に得られる「社長の参考書」のような本があればいいのに……。そう思ったのが、この書籍を企画したきっかけです。

経営者のサポートに徹する本物のプロ

会社経営が目先の利益を追求するだけでは続かず、顧客のニーズやウォンツに真摯《しんし》に対応することで結果として利益を生み、永続的な運営がかなうように、専門家たちもまずは情報提供に徹する姿勢が求められます。また、どんな資格を有していたとしても、実践的な経営課題の解決に繋《つな》がらないマニュアル的な知識しかなければ、何の役にも立ちません。

今回、お金と経営に関するヒントを提供いただいた取材先は、専門家同士の推薦を頼りにその輪を広げていった結果、北は北海道から南は宮崎まで、世界的保険グループの日本法人代表から地域の保険代理店、社会保険労務士、独立系ＦＰまで、実に充実した専門家集団となりました。

いずれの面々も、クライアントである企業の経営者から寄せられる経営課題と日々向き合い、最新の情報や方法論、商品を以《もっ》てソリューション提供を行っている、いわゆる〝叩《たた》き上げ〟のプロフェッショナル揃《ぞろ》い。実践から学んだノウハウやスキルは、経営の様々な局面で課題解決のヒントとなる珠玉の情報ばかりです。

今回お話を伺った専門家たちは皆、口を揃えてこう言います。「商品や契約などは信頼関係の結果に過ぎない」のだと。実際に私も取材を通してそのプライドや理念に触れ、クライアントの支持を長らく獲得し続ける所以《ゆえん》が理解できた気がします。経営者のサポートに徹する姿勢こそ、本物のプロの在り方なのだと改めて気付かされました。

お金の参考書

本書では、詳しく掘り下げた情報は専門書や専門家のコンサルティングに譲り、各テーマをなるべく平易にわかりやすく、また要点だけに絞って気付きを提供できるよう留意しました。また法律に抵触したり、見解がグレーだったりするテクニカルな言及は極力避けたため、これまでどこかで耳にしたことがある、一般的なテーマも多いかもしれません。

ただし、釈迦《しやか》に説法ですが、聞いたことがあるのと、知っているのとでは違います。聞いたことがある話も、体系立てて、ひとまとめにしておくことで、実際にその課題を前にしたときに、有益な「情報」となるのです。

学生時代、勉強机に必ず鎮座していた参考書。何か目新しいことが書いてあるわけではないけれど、問題の解答に迷ったとき、ちょっとした言い回しや図解が大きなヒントになった経験は誰にもあるはずです。

この本はまさに「お金の参考書」。いつでも目につき、手が届くところに置いておけば、いざというときに有効なヒントになる。そして気付きさえ得られれば、後はその道に明るい専門家に具体的なアドバイスを求めることもスムーズにできるはずです。

経営の世界には知らなくても済むけれど、知らないと損なこと、あるいは知らないと大変な目に遭うことなどがたくさんあります。まずは〝知らず嫌い〟をやめて、知ることに努めてください。いつかこの本の何十倍、いや何百倍もの価値を感じていただける機会があるはずです。

この本が貴社の経営改善に少しでもお役に立てば、これに勝る喜びはありません。会社と従業員の方々、そして経営者自身がますますハッピーになることを心より願っています。

2013年11月

マネーコンフォート株式会社

代表取締役　垣畑 光哉

小さな会社のための「お金の参考書」　目次

はじめに　3

内野　道雄
アセットガーディアン株式会社　代表取締役
財務の貯水・放水ができるダム構築が会社を強くする　16

向井　正行
株式会社ほけんの110番　関西支社　執行役員　支社長
ファイナンシャル・プランニング技能士2級
生命保険で決算書が良くなる　26

宮田　正人
株式会社ミヤライフ　代表取締役
株式会社エイム　ファイナンシャルプランナー
保険活用は最速の資金調達手段　36

大和田 順弘
株式会社RKコンサルティング　執行役員
ファイナンシャル事業部　ディビジョンマネージャー
会社の成長ステージに合わせた生命保険
46

重永 久則
株式会社グローバルリンク　代表取締役
事業承継対策は早めの対応が大事
56

小林 雅人
ライフマイスター株式会社　六本木支店　取締役　東京支社長
がん保険は企業防衛に役立つ
66

白井 博伸
株式会社ほけんの110番　北海道支社　支社長
必要性、保障額、保険商品を検討して最適な保険を作る
76

尾庭 靖男
I・NEST有限会社　代表取締役
NPO法人FP相談ナビ　理事長
経費適正化も取り入れたバランスの良い経営を
86

清水 文嗣　株式会社インシュアランスサービス　代表取締役社長
損害保険はコスト・補償内容・サービスを比較する　96

中村 治　有限会社ベスト・プランニング・サービス　代表取締役
ファイナンシャルプランナー
中小企業にこそ地震保険で万全の備えを　106

熊倉 健太　株式会社アテンドライフ　代表取締役
海外PL保険　116

田井中 道江　田井中労務行政事務所　代表
社会保険労務士
就業規則が社長の想いを伝える　126

大泉 敦史　大泉式労務管理事務所　所長
社会保険労務士、行政書士
社内改革は企業研修と制度設計の両輪で　136

古館 伸二 株式会社ニュートラル・ホールディングス 代表取締役CEO
選択制401kで会社の税金と社会保険料が軽減 146

山中 伸枝 株式会社アセット・アドバンテージ 代表取締役
ファイナンシャルプランナー（CFP®）
若くて勢いのある会社にこそ選択制401kを 156

山本 俊成 株式会社ファイナンシャル・マネジメント 代表取締役
社長のライフプランは会社と個人の両方で考える 166

牧野 泉 株式会社トラスト コンサルタント
従業員の福利厚生制度にライフ&マネープランを 176

前田 隆行 株式会社マル 代表取締役
海外活用で法人も個人も新たな一歩を 186

古川 真一 株式会社アーネストプレイス 代表取締役／一般社団法人 住まい生活支援共済会 理事／一般社団法人 社会事業創研 理事／一般社団法人 保険健全化推進機構 理事
経営の大局を見て、センターピンを見極める 196

中西 主 マーシュ ジャパン株式会社 代表取締役社長
海外における中小企業のリスクマネジメント 206

あとがき 224

装丁　相良亮
写真　谷本哲平　高橋亘
ヘアメイク　横尾サチ　長田恵子
編集協力　福岡真理子
DTP　美創

「財務の貯水・放水ができるダム構築が会社を強くする」

内野 道雄
Michio Uchino

Profile

アセットガーディアン株式会社
代表取締役

埼玉県出身。法政大学卒業後、1993年株式会社内田洋行へ入社、オフィスビルの内装工事・什器類の提案営業を担当。

1997年アイエヌジー生命保険株式会社へ転職。代理店の開拓・指導・同行などの経験を経て、2000年にお客様に選ばれる保険流通サービスの実現を目指し、アセットガーディアン株式会社を設立、現在に至る。

Contact

〒104-0061
東京都中央区銀座 6-14-5 ギンザTS・サンケイビル2F
tel. 03-6226-3000 fax. 03-6226-3001
e-mail uchino@asset-guardian.co.jp
URL http://www.asset-guardian.co.jp

財務の貯水・放水ができるダム構築が会社を強くする

ダム経営とは

ダムは河川の水をせきとめ、蓄えることによって、季節や天候に左右されることなく、常に必要な一定量の水を使えるようにするものです。そのようなダムの特性を喩《たと》えに、経営の神様と謳《うた》われる松下幸之助氏が提唱した経営手法が「ダム経営」です。

ダム経営とは、常に一定の余裕をもった経営の在り方であり、ダムのようなバッファーを経営のあらゆる部分に構築することで、内外の情勢の変化に大きな影響を受けることなく、安定的な発展を遂げるための方法論といえます。

決算対策で資金と利益のダムをつくる

会社経営には、経営努力だけではコントロールしきれない「リスク」があります。そのリスクが顕在化した場合、損害を回復させるための多大な資金が必要となることが予想されます。

例えば、「経営者の死亡」はまさに神のみぞ知る事態であり、「火災や賠償責任」は経営努力でリスク回避のための予防措置はできても、完全に防ぐことはできません。そして、リーマンショックや震災といった経済全体の環境悪化や法制度改正、売掛金の未回収、銀行融資環境の変化など、「経営環境の変化」もコントロール不能な外部要因です。このようなリスクを放置することが経

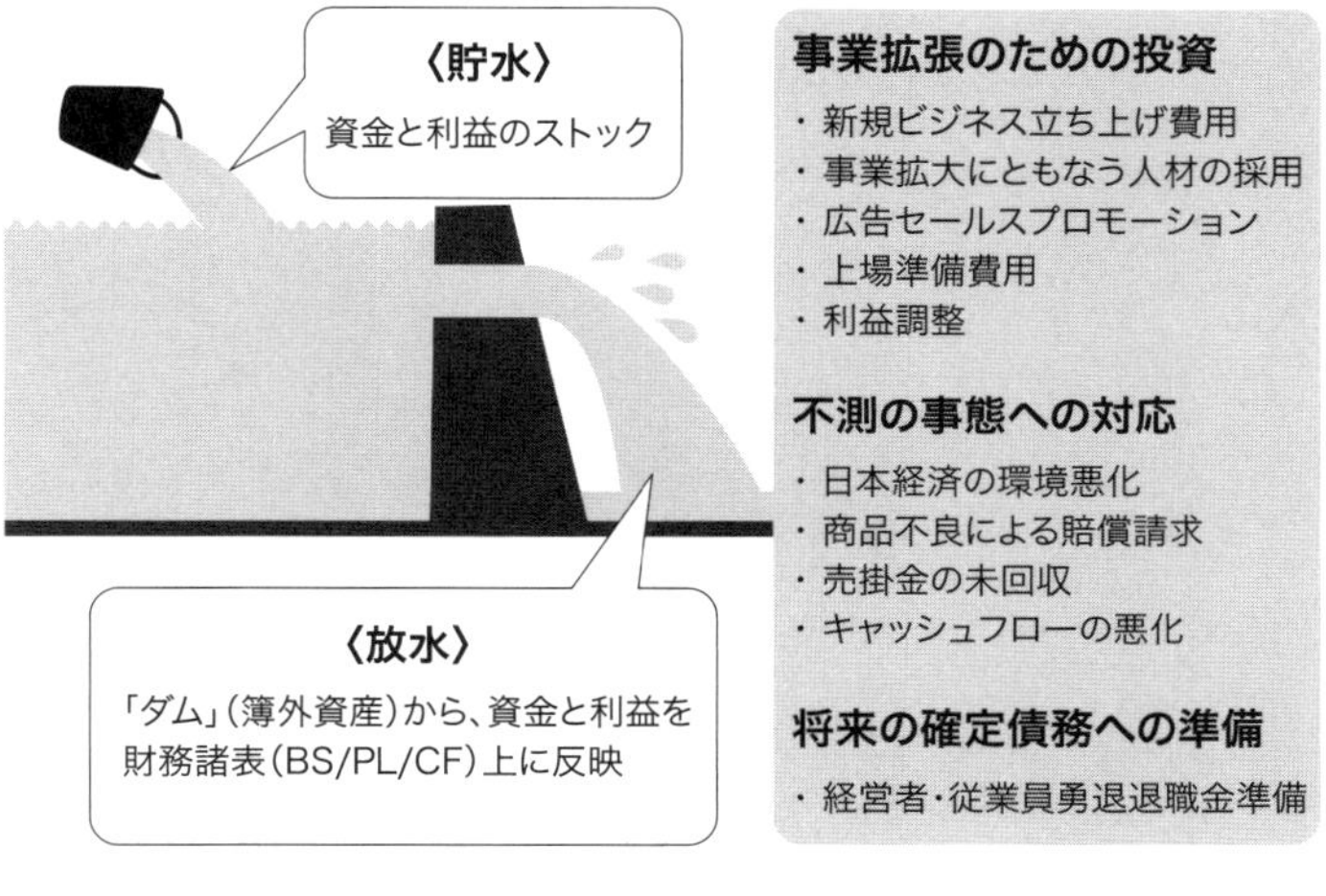

営の最大リスクになります。

また、外部環境の変化に伴って生み出される新たなビジネスチャンスも、立ち上げ資金や人材の採用・セールスプロモーション費用など、戦略的な事業投資資金を確保しているか否かによって経営に大きな影響を及ぼします。

現行の法人税・課税制度はこのような会社の将来的なリスクを担保しません。だからこそ、決算対策で会社の税引き前利益の一部を「貯水（ストック）」し、必要なときに必要なだけ資金と利益を財務諸表上に「放水」できるよう貯え、「資金と利益のダム」をつくることで、様々なリスクに迅速かつ適切な対応が可能となり、ひいては安定的な発展がかなうのです。

資金と利益のストックには生命保険が最適

資金と利益を貯水・放水できるダムをつくる手段として不動産やオペレーションリース

等が挙げられますが、中でも最も効果的な商品が「生命保険」です。

生命保険は会計上、損金計上しながら積立もできる、税務的に優遇された唯一の金融商品です。また、「確実に含み資産ができる」「資金が凍結されない」「活用したいときに活用したいだけの資金を放水できる」など、他にも数多くの魅力があります。もちろん生命保険とひと口にいっても保険会社や商品によって効果・機能に差があるので、目的や経営状態に合った、効果の最も見込める保険会社や商品を選ぶことも大切です。

持っていてよかった！ ダムの貯水・放水事例

事例1　保険代理業A社（拡大投資資金と利益の確保のための【放水】）

新規ビジネスとして、来店型保険ショップを単年度中に7店舗出店、中途25人・新卒4人の採用を行う。将来を見据えた投資である一方、店舗家賃・人件費・広告宣伝費等の販売管理費の増大、ストック型ビジネスゆえの売上回収の長期化により当期収益に大きな影響が予測された。

「ダム構築（貯水）」を始めた6年前には保険ショップの出店計画はなかったが、結果的に「ダムからの放水」により資金と利益を確保でき、突発的な計画にもかかわらず、スムーズな事業拡大投資が可能となった。

事例2　IT関連サービス業B社（経営者勇退退職金準備のための【貯水】）

25年にわたり会社を支えてきた社長が、5年後に会社をご子息に任せることを決意。税法上のメリットも大きい退職金の受け取りを検討したが、「役員退職金は利益処分後からでないと積立ができない（有税積立）」「中小企業退職金共済（中退共）等の外部積立は長期にわたり資金凍結となり、いざというときに活用しづらい」といった理由からその準備はなされていなかった。

そこで、生命保険を活用した計画的な退職金準備を開始。「全額もしくは1／2損金扱いで積立ができる」「解約や保険金減額により資金の流動化が図れる」といった生命保険の特性から先の2つの問題は解消した。

また、退職金支払時には「放水」により資金と利益を確保できることで、多額の退職金支払いも当期利益に影響せず、スムーズにご子息へ事業継承できるようになった。

実は事例1のA社は弊社であり、私自身がダムの恩恵を受けた経験者なのですが、資金と利益をストックできる「財務のダム」構築が会社を強くし、会社発展の大きなカギになることを実感しました。今からでも遅くはありません。財務にダムを築きましょう。

ダム構築のポイント

5つのポイント

1. **全額または1/2損金が法人税法上認められているもの**
2. 不確定要素(=変動)がなく、確実に「簿外資産の形成」が可能なもの
3. 単なる経費の出費ではなく、「資金と利益のストック」ができるもの
4. 資金が凍結されず、必要なときに活用できるもの
5. 流動性資産として現金化できるもの

現行法人税法上、上記条件をすべて満たす損金化でき、
かつ積立が可能な金融商品は、
どこを探しても生命保険しかありません!!

プロからのメッセージ

今でこそ、保険のプロとして保険の正しい在り方をお伝えすることを生業にしている私も、元々保険は好きではありませんでした。私は大学を卒業後、商社に就職したのですが、当時は生命保険の営業職員が勤務先に押し掛けてきてはよくわからないまま保険を無理強いされることが多く、不信感が募るばかりだったのです。

そんな私が色々なご縁から保険業界に飛び込むことになり、保険が企業や経営者の様々なリスクに備え、コントロールできる素晴らしい商品であることを知ることになります。けれども、一部の押し付けがましいセールスによって、保険の本当の価値がお客様に伝わっていないとしたら、なんてもったいないことでしょう。そこで私は、保険のメリットを最大限に活《い》かした提案を行う、新しいコンセプトの保険代理店を興したのです。

弊社のコンセプトその一は「社員の給与体系が固定給であること」。保険業界では、未《いま》だに歩合制の給与体系が圧倒的に多く、販売員はお客様に合った保険を選ぶ以前に、より利幅の大きい商品を売ろうという意識がどうしても働きがちです。弊社では固定給にこだわり、お客様にベストな商品を提案するよう、徹底して教育に努めています。

もう一つの特徴は「組織運営」です。一般の企業では当たり前のことかもしれませんが、保険業界は一匹狼的なセールスマンが多いのです。保険は数十年にわたる長いお付き合いになることも多いため、永続性のある組織力で、いざというときにしっかり役に立つようサポート体制を整えています。

私自身、保険のプロである以前に90名余りの社員を率いる経営者の一人です。同じ経営者として共感することで、本当にその会社と社長自身を理解した提案を、これからも続けていきたいと思います。

インタビュアーの目線／

人懐っこい笑顔と、好奇心に満ち溢《あふ》れた目力であっという間に人の懐に入ってしまう内野さん。しかし、保険の話になると表情は真剣そのものに。自分のポリシーとプライドをもって、真摯に保険と向き合っていることがうかがい知れます。また、保険代理店をベンチャー企業として運営している経営センスは業界随一だと思います。

「生命保険で決算書が良くなる」

向井 正行

Masayuki Mukai

Profile

株式会社ほけんの110番　関西支社
執行役員　支社長
ファイナンシャル・プランニング技能士2級

大阪府出身。卒業後信用金庫へ就職するが、30歳で保険業界へ。信用金庫勤務の経験から、保険以外にもお金に関する幅広い知識や経験が強み。義理や人情に頼らず、お客様とほどよい距離感を保ちながら、最新の情報提供に努めるスタイルに顧客からの信頼も厚い。

Contact

〒550-0012
大阪府大阪市西区立売堀 1-9-23 シティライフ本町ビル7F
tel. 06-6536-7702 fax. 06-6536-7703
e-mail masayuki.mukai@e-bewith.com
URL http://e-hoken110.com/

生命保険で決算書が良くなる

決算書と将来目標をベースに生命保険を考える

法人が生命保険を活用する目的には、節税対策をはじめ、事業継続資金対策や、役員退職金対策、従業員の福利厚生対策などがあり、そのための法人向け生命保険商品も多種多様にあります。

これらを活用する際には、例えば今期の節税対策にというようなスポットでの場当たり的な対策としてではなく、会社経営全体への影響や、決算書の内容にどのように反映するか、また将来の事業計画のベースとしてなど含め、長期的な視点で考えることが大切です。

とくに、生命保険を有効に活用することで、決算書の内容を良くすることが可能となる点に注目していただきたいと思います。

自己資本比率を高めるために保険を活用

会社が生み出す利益に対して何も対策をしない場合は、決算時には、その利益から法人税を支払った残りの金額が内部留保となります。

しかし生命保険を活用すれば、利益の繰り延べ効果があるため、会社の外に利益がキャッシュアウトせずに内部留保を厚くするスピードがより速くなります。つまり、単に利益を留保していくよりも、生命保険を活用した方が、速く自己資本比率を高めることができることになります。

生命保険というと「節税」というイメージが強く、それを好まない経営者の方もいらっしゃいますが、前述しているように「自己資本比率を高めて決算書を良くする」という視点で考えると、そのメリットを理解していただけるのではないでしょうか。

実質のキャッシュフローを金融機関に理解してもらう

生命保険の積立金や解約返戻金《へんれいきん》は、会社経営をしていて何らかの資金需要が発生した場合、それらを自由に活用できる資金として見ることができます。こうした内部留保を積み上げ、含み資産を構築していくことは企業にとって非常に重要です。

金融機関から借り入れをする際や、何か経営上のマイナスが発生したときの見合いとしても、生命保険の満期金や解約返戻金を含み資産として見てもらえると、会社の実質のキャッシュフローが良いことや、資産と負債のバランスが良いことを理解してもらえることになり、金融機関からの財務評価を上げることにもなります。

その結果、新たな資金調達ができたり、借入金利を下げることができるなど、様々なメリットを得ることになります。

10年後にどんな決算書を作りたいのか

決算書は、いわば会社の「通信簿」のようなものです。経営者にとっては、良い決算書を作れるかどうかというところに、誰しも大いに興味があるのではないでしょうか。

例えば10年後にどのような決算書を作りたいのかという視点で考えれば、その計画に合わせて、生命保険でどのぐらい資金を積み立てるべきかを明確にできたり、もしもの資金需要のときや、経営上のリスクを回避するために、どれくらいのキャッシュフローを確保していくのか、というように中長期的な計画性を持つことが大事です。

10年後に理想の決算書を作れるよう、生命保険を有効に活用して会社の体力を蓄えていくことで、その実現可能性はより高まることになります。

銀行取引についても考える

ただし、いくら生命保険を活用して内部留保を構築し、実質上の決算書の内容が良くなっても、金融機関によっては、決算書を評価する際に、保険の積立金を加味して判定をしてくれる所と、そうではない所があります。こうした点についても、事前に知っておくことで、より対策が立てやすくなります。

つまり、法人の生命保険対策は、銀行取引とセットで考える方がより効果的です。

とくに、地域の金融機関それぞれについて、詳しい情報を持っている人との人脈や、そこから得られる情報などが役に立ちます。専門家でも、こうした情報を知らない人も多いですから、地域に長く根ざしている人や、実績がある専門家と出会えるかどうかが重要です。

会社の将来を見据えた対策を

会社を作り経営者となれば、そこで働く人や取引先なども含め、そこにかかわる多数の人たちのためにも、「会社を存続し続けること」と、「会社の発展や成長を実現していくこと」、それを担うのが経営者の立場です。ラクな仕事ではありませんが、その責務を果たしていくのが経営者の使命でもあります。

将来の決算書の内容をより良くしていく、という観点で考えることは、会社のビジョンや進む道筋を明確にする上でも大切な視点といえるでしょう。

プロからのメッセージ

私たちは、全国に直営およびフランチャイズの来店型保険ショップを運営する株式会社ほけんの110番の関西支社として当地区の店舗運営を行う一方、法人・個人を問わず、保険に関するご相談の依頼があれば、営業スタッフが関西エリア全体へ駆けつけられる体制をとっています。

私自身は、信用金庫で7年間、融資業務を中心に行っていた経歴もあって、経営者の方々から資金繰りや融資、相続等に関する質問や相談を受ける機会が多いように思います。決算書の作成に関してアドバイスをしたり、実際に懇意の金融機関をご紹介したり、その対応は非常に多岐にわたります。

保険はあくまで課題解決のための一つの手段に過ぎません。もちろん有効な解決策として保険にご加入いただくことも少なくありませんが、逆にいくら保険に入ったからといって、根本的な経営課題が解決しなければ何の意味もない。その一心で保険をご提案しています。

そもそも私は信金時代から、接待もしないしお世辞もいわない〝堅物〟です。こちらから「押す」のではなく、お客様からの依頼を「受ける」ことで動くのが得意なタイプ。お客様とは適度な距離感を保つことがポリシーでもあります。

しかし、義理や情ではなく情報量で評価していただけるよう、情報収集には余念がありません。保険はもちろん、周辺の金融知識は誰にも負けない自負があります。もしお付き合いで保険に入っている経営者の方がいらしたとしたら、その義理で得られるものと合理的に見直した場合のメリットを是非一度比較検討してみてはいかがでしょうか。

私はこれからも、プロとして実直にお客様のお役に立てるように尽力する「保険屋」で在り続けたいと思います。

インタビュアーの目線／

お客様はもちろん、同僚からの酒宴のお誘いも基本的には受けないという質実剛健な気質の向井さんですが、経営やお客様にとってプラスになるものは、貪欲《どんよく》に迅速に取り入れようとアンテナを張り巡らせる感度の高さも。財務会計に関する知識や理論は、私の知る保険代理店の中でも群を抜いていると思います。

「保険活用は最速の資金調達手段」

宮田 正人

Masato Miyata

Profile

株式会社ミヤライフ
代表取締役

株式会社エイム
ファイナンシャルプランナー

奈良県出身。大学卒業後、大手アパレルメーカーに就職。

36歳のとき、外資系保険会社に転職し、10年間勤務。

在職時は最高位のエグゼクティブに就任。その後、保険代理店として独立し、現在に至る。「生命保険はご家族へのラストラブレター」をモットーに、個人保険から法人保険までオールマイティーに活躍。

Contact

〒541-0043
大阪府大阪市中央区高麗橋 4-5-2 高麗橋ウエストビル6F
tel. 06-6201-5533 fax. 06-6201-5511
e-mail miyata@h-aim.com
URL http://www.h-aim.com/

保険活用は最速の資金調達手段

経営で大事なのは含み資産の活用

経営者は会社の永続的な発展を考えなければなりません。その際に、どうしても直面するのが資金繰りの問題です。利益が出すぎたときには節税対策が必要になりますし、逆に赤字のときは資金調達が必要になります。

会社を永続的に発展させるためには安定的なキャッシュフローが必要になり、そのため含み資産を作らなければなりません。

そんな含み資産を有効に活用する方法の一つが生命保険での積立です。

生命保険には生命保険にしかない機能があり、その中の有効な機能の一つが「契約者貸付制度」になります。

契約者貸付制度とは

生命保険の契約者貸付制度とは、契約している生命保険の解約返戻金を担保に、生命保険会社からお金を借りる制度をいいます。借りられる金額は保険商品によって違いますが、概ね解約返戻金額の70～90％の範囲内となっています。

もちろん「貸付」と名が付いているようにこれは借入ですので、利息が付きます。貸付利率は生命保険契約の時期などにより異なりますが、通常は契約した生命保険の予定利率に1～2％を足した程度に設定されています。

すぐに資金調達でき、返済はあるとき払いの催促無し！

契約者貸付制度は一般の金融機関のローンを借りるより多くのメリットがあります。

①確実にすぐに資金調達できる

金融機関で融資を受ける場合は、審査結果によっては融資が受けられなかったり、新たに担保を提供しなければならなかったり、書類手続きにも時間がかかり、融資実行まで何週間もかかったりします。これに対して契約者貸付は請求書類を保険会社に提出するだけです。保険会社に書類が到着後、早ければ2～3日でお金が振り込まれます。このように契約者貸付制度を活用すると非常に短期間で、しかも簡単な手続きで資金調達が可能になります。

②金利が安い

仮に生命保険の予定利率が1・5%で、上乗せ利率が1・0%の場合、貸付利率は2・5%となります。これは、一般の金融機関の融資に比べると必ずしも安い金利とはいえません。しかし、急な資金需要が発生した場合に高金利な借入やカードローン等を検討するよりは、遥かに安い金利で借り入れすることができます。

③**返済の督促がない**

通常、ローンを借りた場合は毎月の返済義務が発生しますが、契約者貸付は返済の督促はなく、好きなときに好きな金額だけを返済することも可能です。

④**被保険者が死亡したら借入金の返済無し**

例えば、死亡保険商品で契約者貸付を活用した場合、貸付を受けている期間に被保険者が死亡してしまったら、支払われる死亡保険金額から、借りている額が差し引かれて保険金が支払われます。つまり、契約者貸付を受けていても、保険の契約自体は有効に継続しているわけです（死亡保険金額から借入金額を差し引いた金額＝実際に支払われる金額）。

⑤保険を解約するよりも有利

解約返戻金が貯まってきている生命保険商品であれば、解約をするという手段もあります。しかし、例えば会社の決算上は黒字でも実際は資金繰りが苦しいというような時期に生命保険を解約してしまうと、その「解約返戻金」は雑収入で、課税対象となり、税金を支払わなければなりません。

しかし、契約者貸付であれば雑収入にならず、余計な税金を支払う必要がありません。

活用は計画的に

このように様々なメリットがある契約者貸付制度ですが、金利が付きますので、高額な場合はとくに金利負担が過大となったり、万一のときに受け取る保険金額が減ってしまうことで必要保障額が不足となってしまう可能性もあります。

このように、「契約者貸付制度」は資金調達に非常に有効な方法ですが、注意点もありますので、ご利用の際には専門家のアドバイスを受けながら計画的に活用することをお勧めします。

プロからのメッセージ

外資系保険会社に所属した10年の間、お客様にとって最善のプランをご提案することを常に心掛け、気が付けば法人・個人を合わせて1500件以上のご契約をいただくことができました。しかし、他社の商品を知れば知るほど、自社の商品だけでプランニングした内容が本当にお客様にとってベストなのかという疑問が湧《わ》いてきました。

その外資系保険会社には、私が心底自信を持ってお奨めできる商品が数多くあり、ご提案には事欠かなかったのですが、実際には全ての商品が業界でNo.1ということはあり得ません。当時の私は残念ながら、自社で一番の商品は提案できても、お客様にとってベストな提案はできなかったのです。

一方、複数の保険会社の商品を取り扱っていれば、各社で一番の商品を比較して、お客様にとって本当にベストなプランをご提案することができます。私が10年間慣れ親しんだ外資系保険会社を飛び出し、複数の保険会社を取り扱う乗合代理店として独立したのは、そんな思いからでした。

今では生命保険会社16社・損害保険会社13社を取り扱い、お客様のニーズを徹底的にヒアリングしたうえで商品を厳選。私自身が、心からお客様にとってベストなプランだと思える提案をさせていただいています。

保険で全て解決するわけではありません。また、会社や経営者を100%守れるものでもありません。しかし、『企業の財務戦略』の一環として保険を活用することにより、円滑な資金繰りと計画的な資金準備が可能となるだけでなく、会社の安定と経営者の安心に寄与できると信じています。私たちのサポートで企業が、ひいては日本が元気になれば……そんな想いで日々活動しています。

インタビュアーの目線／

威風堂々とした貫禄に一瞬圧倒されそうになりますが、実際にお話ししてみると破顔一笑、目尻を下げながら、相手の話をぐいぐい引き出す聞き上手とお見受けします。頼りがいと親しみやすさを兼ね備えたお人柄は、まさに経営者の参謀役として打ってつけ。保険に留《とど》まらない、様々な相談事が経営者から舞い込むのもよくわかります。

「会社の成長ステージに合わせた生命保険」

大和田 順弘

Yasuhiro Oowada

Profile

株式会社ＲＫコンサルティング
執行役員
ファイナンシャル事業部　ディビジョンマネージャー

東京都御徒町に3代以上続く生粋の江戸っ子。

中央大学卒業後、1981年に地元を基盤とする朝日信用金庫へ入庫。

以来23年間、営業一筋に地域の法人・個人を担当。2004年現・メットライフアリコ生命保険株式会社へ転職。法人営業、営業職員のマネージメント等を経験の後、2011年に株式会社ＲＫコンサルティングへ入社。営業部門を統括し、現在に至る。

Contact

〒103-0016
東京都中央区日本橋小網町 10-2　丸国ビル6F
tel. 03-5651-2311　fax. 03-5651-2350
e-mail　ohwada@rkinc.co.jp
URL　http://www.rkinc.co.jp

会社の成長ステージに合わせた生命保険

生命保険を活用した経営上の問題解決

会社経営をしていると様々な問題に直面します。例えば図表のようなものがあります。

図表　経営リスクの事例

- 社長に万一があった場合の事業継続対策
- 経営者や従業員の退職金準備対策
- 会社の決算対策
- 相続や事業承継対策

これらは、経営上の様々な問題の一例ですが、こうした問題は、生命保険を活用することで有効かつ効率的に解決することができます。これまでも、保険の営業担当者や専門家から、これらの対策についてセールスを受けられた方も多いのではないでしょうか。しかし、有効な対策が立てられると言っても、闇雲《やみくも》に生命保険に加入すればいいという訳ではありません。有効な対策は有効な時期に検討することにより、その効果が最大限発揮されます。生命保険は、会社の成長ステージに合わせて加入することが大事です。

会社の成長ステージを、個人との対比から考える

個人が成長していく過程と会社が成長していく過程はよく似ています。ですから、個人が加入する生命保険と、会社が加入する生命保険は、全く違うようでいて、その成長ステージごとのニーズについては非常に似ているところも多いのです。

個人も会社も、その成長過程により「創業期」「成長期」「安定期」「承継期」「衰退期」に分けられ、ステージごとに生命保険のニーズが変わってきます。例えば個人の場合、独身か既婚か、子どもの有無、また年齢によって加入する保険に違いが出るように、会社の経営者が保険を検討する際も、会社が現状どの成長ステージにいるかによって、選ぶ保険が変わることになります。では次に、実際の成長ステージごとに「個人」「会社」「検討する生命保険対策」を比較しながら見ていきます。

創業期		
個人	会社	生保対策
社会人になりたての20代の時期です。仕事を始めたばかりで収入は安定せず、貯蓄も少ない時期です。独身の場合はとくに、生命保険による保障を多くは必要としない時期です。	設立したばかりの時期は売上も安定せず、資金繰りにも余裕がありません。従業員も少なく売上もそれほど高くはない、かつ保険料に割けるほど資金繰りに余裕が無いため、生命保険で備える保障額はそれほど大きくはなりません。	保険の必要保障額が少ない時期です。保険料支払いによる資金繰り悪化を避けるため、最低限の掛け捨ての保険で、社長死亡による事業継続リスクに備えると良いでしょう。

成長期		
個人	会社	
仕事にも慣れて責任あるポジションを任せられたり、給与もアップする30代の時期です。結婚して子どもが生まれるなど家族が増えたり、家計の中で重要な位置付けとなってきます。	増収増益を重ね、会社の売上が伸び盛りの時期です。業容拡大に伴い、従業員数も順調に増加していきます。	

成長期	安定期			承継期
生保対策	個人	会社	生保対策	個人
売上アップや従業員増加に伴い、適正な額まで保障額をアップすることで事業継続リスクに備える必要があります。また生命保険による従業員の福利厚生について考え始めるのもこの時期です。	仕事が安定してきて貯蓄もできてくる40〜50代の時期です。マイホームを持つことで生活基盤も安定します。	資金繰りが安定して内部留保が増加し、会社の経営安定により経営体力のついてくる時期です。自社ビル等の資産も保有しているかもしれません。	経営上のリスク管理に力を入れる時期です。生命保険活用により社員や役員の退職金準備を検討したり、会社の利益が出た場合は、決算対策により課税の繰り延べを検討したりします。	60歳、もしくは65歳の定年退職前の時期です。今までの仕事は一段落して、リタイア後の老後対策を考える必要があります。資産がある場合は相続についても検討が必要です。

承継期	
会社	生保対策
経営者がリタイアを決める時期です。社長や会長のポストを退き、自分がいなくなった後の会社の方向性を決める必要があります。経営上問題ない形で次世代に事業承継をする必要があります。	相続・事業承継対策として相続税の支払い等に保険で備えておく必要があります。また自社株対策としての保険活用も検討できます。

衰退期		
個人	会社	生保対策
年齢に関係なく収入がダウンしている時期を指します。学費負担や住宅ローン負担があると家計の資金繰りが苦しい時期となります。	成長ステージに関係なく、売上や利益がダウンしている時期のことです。金融機関からの借入金返済負担や従業員の給与支払い等により会社の資金繰りが苦しくなります。	無駄な保障の見直しや、最低限の保険に切り替える必要があります。積立タイプの保険がある場合はその解約返戻金を活かし、解約金や契約者貸付を活用することで資金繰りの改善に努めます。保障については掛け捨てのものに切り替えて保険料負担を減らします。

以上の内容から、成長ステージごとにニーズが違うことが理解できたと思います。

最適な時期に最適な対策が立てられるよう、自分の会社が今どのステージにあり、どのような状況にあるのかを正しく把握した上で、生命保険を有効に活用することが大切です。

プロからのメッセージ

地元の法人・個人を担当する信金マンとして営業一筋23年。当時は担当したお客様と経営や将来のことを一緒になって考え、何かできることはないか、いつも考えているような毎日で、新規の取引先を開拓するために一軒一軒に飛び込むことが日課となっていました。

それは競合する大手銀行との差別化を図るための苦肉の策でもありましたが、信金の営業と似通った部分の多い保険という仕事に就いた今となっては、「私があなただったら」という基本姿勢からぶれることなく、コツコツとお客様の課題解決に尽くしてこられたのは、その経験の賜物なのだと思います。

私たちRKコンサルティングは、現在総勢120名のコンサルタントと全国12拠点を擁する総合保険代理店です。「All For One, One For All ～一人はみんなのために、みんなは一人のために～」を理念に掲げ、保険業界のベテランプレーヤーの他、日本でトップクラスの記録を持つ元陸上選手といったユニークな経歴を持ったメンバーが、独自のチーム体制により高いスキルや人間性を共有化しています。

私たちが第一に心がけていること、それは保険への理解です。当たり前のことのようですが、保険の必要性や社会的価値をわかっているからこそ、親身になった提案ができるのです。保険商品をお届けするという〝仕事〟を超えて、お客様の未来に少しでも貢献できたら、これに勝る喜びはありません。

正直申し上げますと保険の仕事は、お金を右から左へ動かす預金獲得のような信金営業の何倍も難しいものです。けれどもお客様とより長い関係を築け、より大きな貢献ができるこの仕事は私にとって本当に天職。これからも一社一社、一人ひとりのお客様と向き合っていきたいと思います。

インタビュアーの目線／

恰幅《かっぷく》も良く、スーツをビシッと着こなされている姿からは、貫禄や威厳といった雰囲気が漂う一方、実際にお話をしてみると、すこぶる面倒見の良い「元信金マン」という一面を垣間見ることができます。信金で管理職に就かれていたという経験も急成長中の同社で遺憾なく発揮され、社内は勢いのある雰囲気に包まれていました。

「事業承継対策は早めの対応が大事」

重永 久則

Hisanori Shigenaga

Profile

株式会社グローバルリンク
代表取締役

学卒後、損害保険会社に研修生として入社。

3年後に代理店として独立し、生命保険も販売開始。

保険会社の「販売代理」ではなく、複数の保険会社を取り扱い、お客様の代理として保険会社や保険商品を選択する「購買代理」という業態へ会社方針を変更。現在、九州全域はもとより関東方面に至るまで、幅広い地域にて保険コンサルタントとして活動する。

Contact

〒880-0842
宮崎県宮崎市青葉町 74-1　青葉ビル1F
tel. 0985-62-2920　fax. 0985-62-2921
e-mail　shigenaga@global-link.co.jp

事業承継対策は早めの対応が大事

我が国の事業承継の実態

２００6年版の中小企業白書によれば、年間29万社の廃業のうち、後継者不在を第一の理由とする廃業が７万社と実に１／４もの割合を占めていることになります。７万社の廃業に伴う雇用の喪失は毎年20万〜35万人に上ると推定されており、日本経済を支える中小企業の雇用の確保や技術の喪失を防ぐといった観点から、事業承継問題が注目されています。

近年、中小企業経営者の高齢化は進んでいます。その理由は中小零細企業において、

（1）後継者難が増加していること
（2）平均寿命上昇や事業承継時期の遅れにより社長在任期間が長期化していること

などが原因と考えられます。

また、先代経営者と後継者との関係も年々変化しており、一昔前までは親族内承継が全体の9割以上を占めていましたが、近年では親族内承継が減少してきており、親族内での後継者の確保が困難になってきています。

また経営を引き継ぐための後継者の育成に必要な期間として5年〜10年はかかると考えている経営者が多数を占めていることからも、早めに事業承継対策に取り組み、後継者が十分に会社経営ができるよう、現経営者がバックアップする必要があります。

事業承継対策をしなかった場合の問題点

事業承継対策をしなければ、将来的に経営が不安定になり、事業の継続が困難になる可能性が出てきます。代表的なケースとして以下に4つほどご紹介します。

【ケース1】高齢の会長が実権を握り、社長への経営委譲が進まないケース

息子を後継者として社長にしても、株式の譲渡が完了しておらず経営権が移っていないケースです。経営面で会長と社長が対立するなど、スムーズな承継がなされなくなる可能性があります。

【ケース２】事業承継の準備をしないまま経営者の判断能力が低下したケース

後継者が決まっていない状態で不可抗力により承継の必要が出てきたケースです。病気や年齢的な理由により経営者の判断能力が低下すると、後継者が育っていなければ、後継者育成には時間がかかるため、事業の継続自体難しくなる可能性があります。

【ケース３】後継者に事業用資産の集中ができなかったケース

事業資産が複数の親族に分散してしまうケースです。たとえ後継者を決めていても、遺言書を作成するなどの対策を講じなければ、遺産分割協議により会社の事業用資産が事業と関係の無い相続人に分散し、会社経営がやりづらくなることがあります。

【ケース４】自社の魅力が後継者に承継できず取引先との友好な関係を築けていないケース

後継者育成や事業の引継が不十分なケースです。既存の取引先との関係が悪化すれば事業の継続が危ぶまれます。

事業承継対策の流れ

こうした問題発生を防ぐには、事前に事業承継対策を立てておくことが大事です。事業承継対策を考える場合は、次頁のフローチャートにあるような流れで検討します。

・後継者の有無の確認

まずは後継者がいるかいないかから検討することになります。後継者がいる場合は、それが「親族内の後継者」なのか「親族外の後継者」なのかによってその後の対策が変わってきます。また後継者がいない場合は、社長リタイア後の会社をどうするかを検討しなければなりません。その際の選択肢としては「事業を継続」する、「M&A」で会社を売却する、「廃業」して会社をたたむといったことを検討します。

・問題点の洗い出し

社内に後継者がいる場合でもいない場合でも、解決しなければならない問題点が沢山あります。税金がかかわる部分では「相続税・贈与税」が発生するかどうか、「財産承継」が問題なくできるかなどを、検討しなければなりません。また経営的な部分では「後継者の育成」や「経営状態の見直し」が必要になります。その他、「資金調達」が必要になる場合もありますし、株式が絡むところでは「経営権の分散」も検討する必要があります。

後継者がいない場合でも、「事業

事業承継全体図&フローチャート

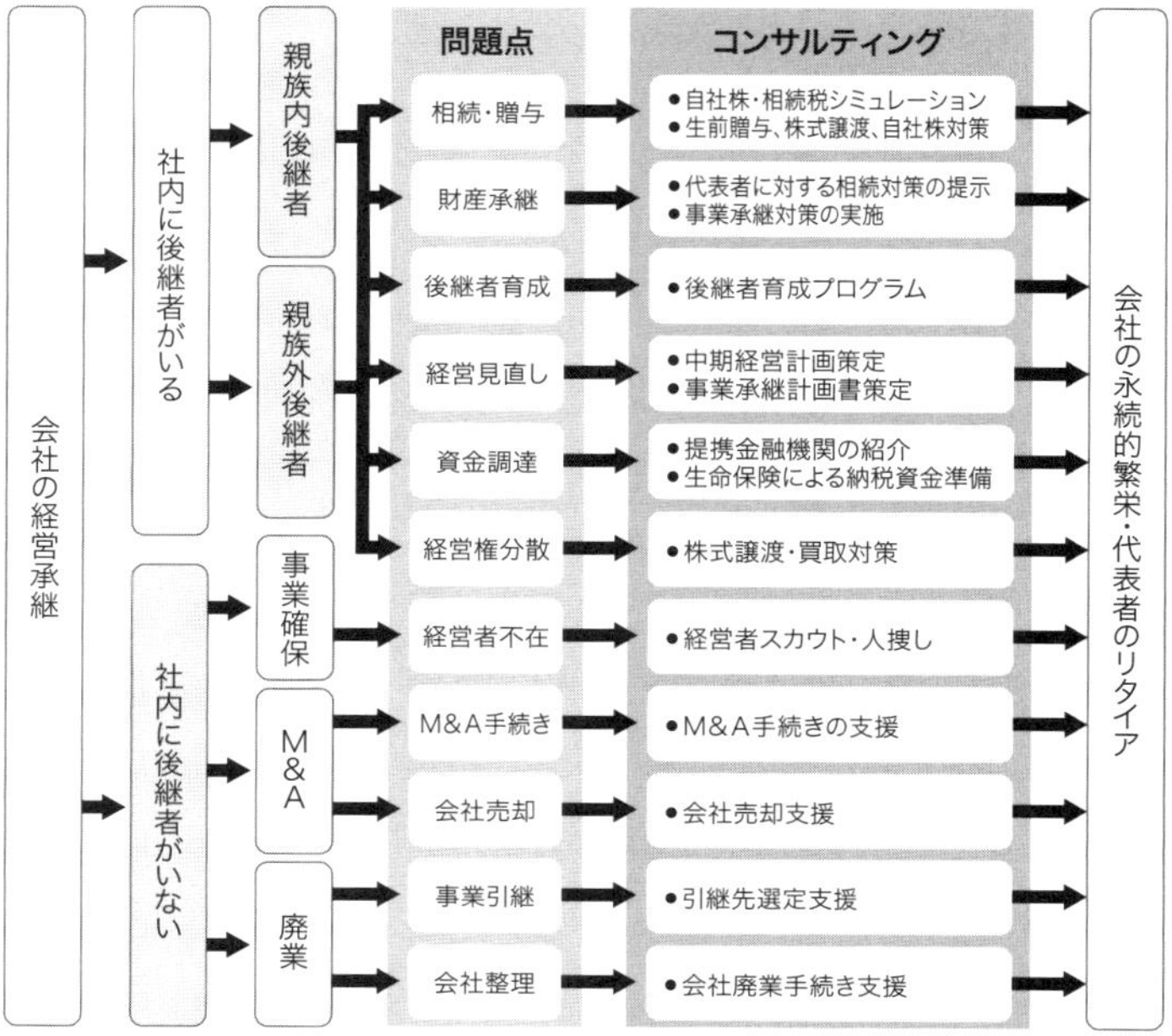

を継続」するのであれば外部から人を連れてこなければなりませんし、「M&A」により会社を売却する場合は売却先を探します。「廃業」するのであればその手続きが必要になります。

・問題点を解決するためのコンサルティング

問題点が明確になったら次はそれをいかに解決するかです。これらの問題点は多岐にわたっており、また複合的に発生することも多いため、一人の専門家では解決できないことが多いです。その場合、複数の専門家のチームを組成して問題解決を図ります。

事業承継の相談をする場合の注意点

事業承継対策は一人の専門家で対応できるケースもありますし、複数の問題を複合的に解決しないといけない場合は、複数の専門家のチームが必要です。複数の問題点をワンストップで解決してくれる専門家や専門家グループを選ぶことも事業承継対策を円滑に進めていくキーポイントになります。是非早めの対策をご検討ください。

プロからのメッセージ

この本をお読みいただいている経営者の皆様におかれましては、会社を長期に安定して経営していくうえで、生命保険がその一助になることは既にご承知おきのことと思います。特に当テーマの事業承継において、生命保険は「課税相続財産の削減」と「相続税納税資金の捻出《ねんしゅつ》」という2つの対策に大きな効果が見込めることは前述の通りです。

このように円滑な事業承継のほか、会社で生命保険に加入する目的としては、事業保障をはじめ、退職金積立等の内部留保や福利厚生などが挙げられますが、私たち専門家がお客様の状況を正しく把握していなければ、対症療法的な提案しかできません。

そこで弊社では「analyze & support：正確な情報分析と適切な助言」を企業理念に掲げ、お客様を理解するためのヒアリングをすべてのサポートの起点としています。

例えば、会社の歴史や将来のビジョン、決算状況、自社株の評価、従業員数、後継者の有無等、様々な「情報分析」をすることによって、必要な保障を必要な時に必要なだけ、最も効率的にご提案すること、すなわち「適切な助言」が可能になるのです。

また昨今日本では、高年齢者雇用安定法の改正や法人税率・所得税率の見直し、相続税増税等、次々と大きな改正が行われています。過去に契約した保険も、現在の御社を取り巻く環境に合っているか、定期的な見直しは必須《ひっす》です。

そのために私たちは個々の会社についてのミクロ的な情報だけでなく、社名にもあるようにグローバルな視点でマクロ的情報にも目利きをしていかなければならないと考えています。

未来を予測することは難しくとも、足元のリスクを正確に把握し未来に備えることはできる。私たちは保険を通じて、企業の永続的な発展のお手伝いをしたいと願っています。

インタビュアーの目線／

地元宮崎に留まらず、九州そして全国で保険の加入環境を変えるべく飛び回っている重永さん。アグレッシブな仕事ぶりを裏打ちする自信に満ちた佇《たたず》まいと、その半面、クレバーで冷静沈着な経営者としての顔を持ち合わせているのは、クレー射撃の現役国体選手として体得した心技体の賜物なのだと思います。

「がん保険は企業防衛に役立つ」

小林 雅人

Masahito Kobayashi

Profile

ライフマイスター株式会社
六本木支店　取締役　東京支社長

神奈川県出身。日用品、住宅建材のメーカーを経て保険業界に転身。親戚縁者を勧誘して、売り先がなくなれば辞めていく業界のやり方に疑問を抱き、自分は知り合いに保険の売り込み営業をしないことを決意。長い低迷期に苦しむも、結果的にお客様から信頼を得られるようになった今、自分のやり方を後進に伝えたいと意気込む。

Contact

〒106-0031
東京都港区西麻布 1-1-5　オリエンタルビル6F
tel. 03-6411-0379　　fax. 03-6804-1520
e-mail　koba@lifemeister.com
URL　http://lifemeister.com/

がん保険は企業防衛に役立つ

福利厚生としての「がん保険」

中小企業の経営者には、従業員たちを家族のように大事に思っている人や、従業員の福利厚生にも関心が深い人が多いものです。そんな経営者のために、大切な従業員達の福利厚生の一つとして活用できるのが、法人を契約者とし、保険の対象である被保険者を社長本人や役員、従業員とした「法人向けのがん保険」です。

もしも社員や社長ご本人が、がんを発症したときには、診断一時金や入院・手術給付金を治療費用として役立てることはもちろんですが、法人向けのがん保険には他にも多数のメリットがあります。

法人向けがん保険の特徴

法人向けのがん保険とは、契約者が「法人」となり、保険をかけられる被保険者が「役員や従業員」、そして保険金の受取人は契約者である「法人」という契約形態のものを指しています。また一般的によくある個人が加入するがん保険と比べると、法人で加入するがん保険には大きな違いがあります。

その一つは、大きな保険料を払う形を取り、解約返戻金が発生する商品を活用することで、税金の繰り延べ効果が発生する点です。なお、平成24年4月27日の国税庁通達により、法人向けの、解約返戻金が発生するタイプの終身がん保険の保険料は、2分の1を損金算入することができます。

法人向けがん保険加入事例

がん診断一時金	600万円
がん入院給付金日額	6万円
がん手術給付金	120万円
がん死亡・高度障害保険金	6000万円
45歳男性年間保険料	約169万円
5年後の返戻率	85.15%(106.43%)
15年後の返戻率	86.34%(107.93%)

(　)内数値は、法人税率40%の場合の、1/2損金算入による実質返戻率

２つ目の特徴は、大型の保障を確保できる点です。例えば、がん診断一時金６０００万円、入院給付金日額６万円、手術給付金１２０万円、がん死亡・高度障害保険金６０００万円というように、高額な保障を設定することが可能です。

会社、経営者、従業員、それぞれにメリットがある

がん保険は、法人契約にすることで様々なメリットがあります。それぞれにどのようなメリットとなるのか、順番に見ていきましょう。

①会社のメリット

がん保険の一時金や入院・手術給付金などの、受け取った保険金は、社員が治療のために長期に休んだ場合の売上ダウンの一部を補填《ほてん》したり、がんになったことが原因で従業員が退職する場合でも、その後の新規採用にかかる費用や、新人の指導期間中の費用の補填にも活用できます。

②経営者のメリット

経営者ご自身が、がんになった場合の治療資金はもちろん、経営者が治療などで会社不在となることにより売上ダウンに直接影響するような場合、受け取る保険の一部を事業を補填するための資金としても活用できます。これは、法人で加入するがん保険が、大きな保障額を設定できる効果によるもので、例えばがん診断一時金の保険金額を数千万円と高額にできるため可能となるものです。

③従業員のメリット

従業員の福利厚生としては、例えば従業員ががんになった場合の治療費はもちろん、がんが原因で退職することになった場合の退職金の上積み分としても活用できます。これは、もしものときにもお金のことを気にせずに治療に専念できるという安心感へと繋がります。

この他にも、従業員が通常の退職をする際にも、がん保険の契約自体を現物支給することも可能です。

そして何より、このような手厚い福利厚生が充実していることが、安心して働ける職場環境作りや、従業員の士気の向上、会社に対する信用や愛社精神の構築へと繋がることになります。

企業防衛としてのがん保険

このように、「法人向けがん保険」には保障性や福利厚生としても多数のメリットがあることがおわかりいただけたと思いますが、もう一つ、途中解約をした際に、大きな解約返戻金があるというメリットも忘れてはいけません。

例えば、急な資金需要が必要になる事態が発生した場合や、赤字となった年度などに、保険契約を解約することで、その補填をすることが可能となります。また、経営者や従業員の退職時に解約し、退職金としても活用できます。

そして、案外と意識をされていないこととして、仮に「がん診断一時金」や「入院・手術給付金」などの保険金を途中で受け取っている場合でも、契約を解約するときの解約返戻金には全く影響がない、ということがあります。たとえ途中で保険金をいくら受け取っても、保険加入時点で予定されている解約返戻金が、解約時には確実に支払われます。つまり、より計画的な企業の資産構築が可能となるわけです。

会社経営をしていると、急な資金需要が発生することは多々あります。私自身も会社の経営者として、事業資金などを計画的に構築しておくことの重要性を強く認識しているひとりです。

従業員や経営者本人の福利厚生は元より、事業資金の計画的な構築や会社防衛の手段として、「法人向けがん保険」は、保障と資金需要の両方でメリットの得られる有効な商品であると言えるでしょう。

生保販売する方の中には、終身がん保険の保険料は、半分損金算入になってしまったのでメリットが無くなったかのように感じている人もいるようですが、私はむしろこれだけの効果があってかつ半分損金算入ができるメリットを法人におすすめしています。

プロからのメッセージ

私が所属している保険代理店「ライフマイスター株式会社」は、保険というフィールドでそれぞれに活躍してきたメンバーが「販売の環境を整えて、お客様にもっと良い提案をしよう」という想いから生まれた会社です。マイスターとは、「匠《たくみ》」や「職人」という意味を持つドイツ語で、実際に様々なキャリアを積んできた、経験豊富なメンバーが多いですね。

私たちは自分たちのゴールを「保険に加入してもらうこと」ではなく、「加入いただいた保険を、お客様にしっかり活用してもらうこと」であるとの考えに立ち、お客様がいつまでも安心して保険をお続けいただけるよう、メンテナンスにも全社的に力を入れています。

特に法人の場合、保険の対象となるリスクは長年同じ条件下にはありません。新しい法律の施行・改正、社会情勢や経済の変化、情報や自然災害のリスク増大等により、リスクは軽減・増加し、カバーすべき範囲等も刻一刻と変わります。それに伴い、リスクファイナンスの移転先である保険は、法人こそ見直し（＝メンテナンス）が大切なのです。

実を言えば、私はライフマイスターで保険代理業の仕事に就く傍ら、株式会社ワイズ・インフィニティという映像翻訳会社の経営者でもあります。社員やアルバイトを率いて、映画配給会社をはじめとするクライアントに翻訳サービスを提供しながら、日々経営課題と向き合い、悪戦苦闘しているのです。

そんな私ができることは、同じ経営者として経営課題を共有し、その解決策をご一緒に考えることであって、保険をおすすめすることではないと思います。そしてこの仕事に定年はありません。一人でも多くの経営者からお話を伺い、お役に立つことが、私のライフワークです。

インタビュアーの目線／

六本木ヒルズの向かいにあるオフィスにお邪魔すると、入り口には有名な映画の宣伝用ＰＯＰやポスターがずらり。保険代理店だと思って伺うと意表を突かれる光景ですが、奥様と二人三脚で、事業の柱を２つ持たれていることが、小林さんに経営感覚とバランス感覚をもたらし、最大の強みとなっていることは間違いありません。

「必要性、保障額、保険商品を検討して最適な保険を作る」

白井 博伸
Hironobu Shirai

Profile

株式会社ほけんの110番
北海道支社　支社長

大学卒業後、大手電機メーカーにエンジニアとして入社。

2006年、生命保険会社に営業として転職。

2010年に独立し、現在に至る。理系の営業として、数量的・論理的にお客様への提案をしている。明るさと親しみのある人柄により、お客様からの信頼は厚い。大事にしている言葉として「人と同じことをよしとする社会で、自分自身であろうとすると、苦しい闘いを強いられることになる。それは、自らが選び取り、最後までやめることのできない闘いである」。

Contact

〒060-0908
北海道札幌市東区北8条東 3-1-1　宮村ビル8F
tel. 011-299-2525　fax. 011-299-2575
e-mail　hironobu.shirai@e-hoken110.com
URL　http://e-hoken110.com/

必要性、保障額、保険商品を検討して最適な保険を作る

生命保険を見直しましょう

経営者の方々に「生命保険に加入されていますか？」と質問すると、大抵「もうたくさん入ってるよ」という回答が返ってきます。しかし「では、どんな保険に入っていますか」という質問には、曖昧《あいまい》な回答しか返ってこないことが多いものです。

実際に保険証券を見せていただくと、「経営課題を解決できる保険商品ではないもの」や「社長が希望している内容とは異なる保障内容」「支払保険料が財務に悪影響を与えている」というように、見直しの余地がある場合が、思った以上に多いのです。

とくに日々忙しい経営者の方は、年間保険料をいくら払っているのかは把握していても、どのような保障内容の保険に加入しているかまでは覚えていない、もしくは理解していない方が少なくないように感じます。

例を挙げると、次のようなものがありました。

「積立保険だと思っていたらほとんど掛け捨ての保険だった」

「入院した場合には給付金が出ると思っていたが、実際はケガの入院にしか対応しない保険だった」

「支払保険料が全て経費になると聞いていたが、半分しか経費にならなかった」

このように、加入している保険内容を理解していなかったり、勘違いをしている経営者の方は、思った以上に多いのかもしれません。

保険は、加入しただけで安心を得られるというものではありません。本当に保険が経営に役立つ為には、しっかりと保険の内容を吟味し、必要な保障やメリットを兼ね備えた、自社に必要な保険設計をしていくことが大切です。そのためにも、定期的な生命保険の見直しが重要です。

生命保険の見直し3ステップ

生命保険の見直しをする場合は次の3つのステップに沿って検討していきます。

1．必要な保障と特約内容を見極める

まず現在加入している生命保険やその特約が、そもそも必要なものなのか、という点をチェックしましょう。生命保険には、様々な種類の特約があり、これが多数付保されている場合があります。特約には便利で有効なものもありますが、際限なく付加しても保険料を押し上げるだけで無駄の原因となります。定期的にチェックすることで、現状必要のないものが付保されていないかを確認してください。

保険加入時には必要と考えていた保障や特約でも、時間の経過と共に必要性が低くなる場合もあります。逆に、新たな保障ニーズが発生している場合もあります。会社は、人間が子どもから大人へと成長していくように、会社の成長ステージによって必要保障目的が

変わっていきます。会社の現状を分析して、保障の要・不要を検討することが大切です。

2．本当に必要な保障額で加入する

必要な保険が確定したら、次に検討するのは保障額です。例えば「自分は1億円の保険に入っているので保障は十分だ」と思っていても、その保険金額が、掛けすぎなのか足りないのかを今一度確認してください。現在の会社の規模や会社の情勢などを総合判断し、現状に合った保障額で加入する方が効率的だからです。

保険は、掛けすぎても保険料が無駄になりますし、逆に保障が足りなければ万一の時に役に立たないということにもなり兼ねません。保険を自動車に喩えてイメージしていただくとわかりやすいと思います。独身や夫婦だけの家庭の場合、乗る自動車はスポーツカー

例えば保険料削減を考える場合……

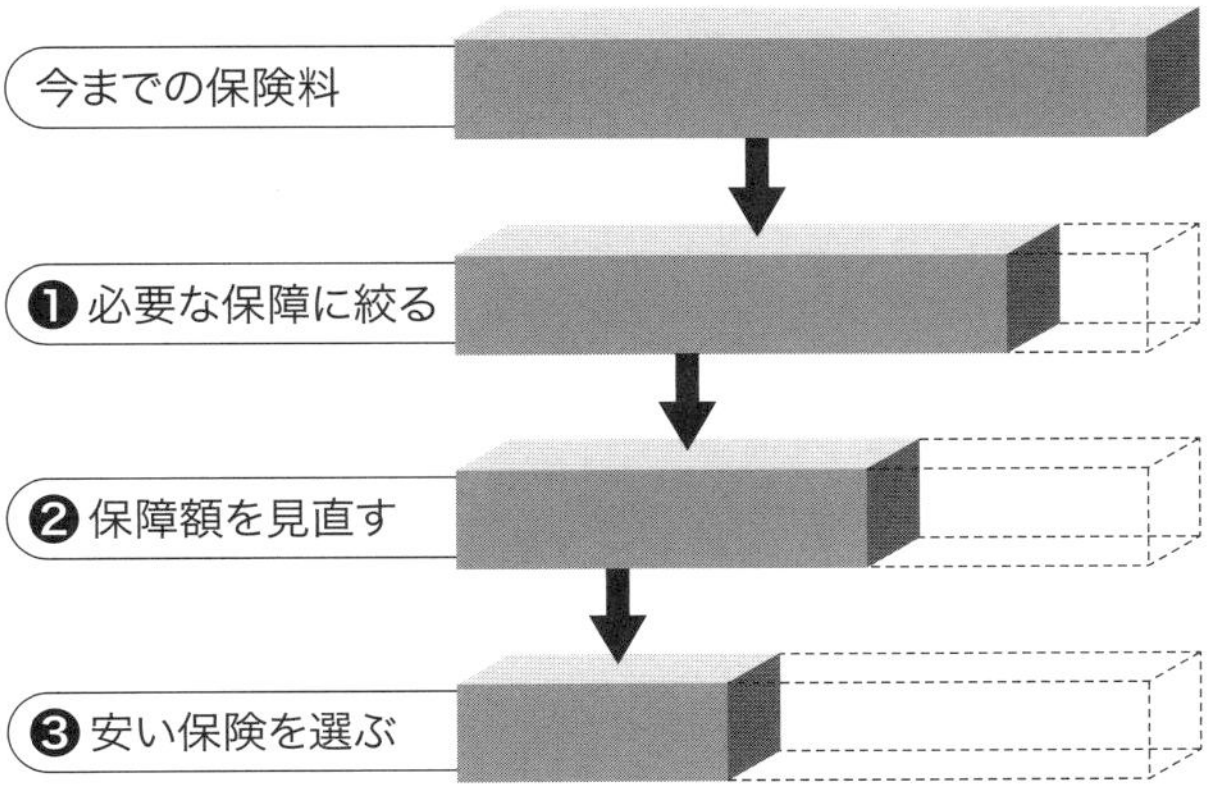

でもいいかもしれませんが、子どもが生まれれば家族の人数にマッチしたワンボックスカーの方が、実際の家庭のニーズを満たすことになります。保険も、必要なサイズで加入することが大切です。

3. 最適な保険会社を選ぶ

必要な保障と保障額が確定したら、最後にその保険をどの保険会社で加入するかを検討します。生命保険会社は40社前後あり、各社の保険商品は同じように見えても、保障内容や保険料、解約した場合の返戻率など総合的に見比べると、大きな違いがあるのです。全ての保険会社の商品の中から、自社のニーズに最も合った商品を選択することで、最適な保障と効率的な保険料での設計が可能となります。

既に複数の保険会社から吟味して選択しているので大丈夫、と思われていても、保険商品は毎年のように改定や新商品開発が行われており、より安いものや時代のニーズに合ったものが次々に生み出されています。つまり、加入時よりも、もっと良い新商品があるという場合もあります。

コンサルタントの選定も大事

保険見直しの際に気をつけたいこととして「誰に相談するのか」という問題もあります。先の３つのステップは、確かに効率的に生命保険の見直しの足掛かりとなりますが、全ての保険コンサルタントが同じように、必要保障を算定できたり、必要な商品や保険会社の最新情報を得ているとは限らないからです。つまり、これらのスキルに長《た》けた保険コンサルタントに見直しを依頼することが大切です。

最適な保険コンサルタントを探し出す方法として、複数のコンサルタントの話を聞いて比較をしたり、信頼のおける知り合いの経営者の方から紹介を受ける方法があります。信頼できる保険コンサルタントを見つけられたら、まずは現在加入中の保険証券を見せて、現状の保障内容をしっかりと分析してもらうことから始めてください。

プロからのメッセージ

大卒後に就職した大手電機メーカーでは、エンジニアとして勤務した後に、当時隆盛を極めていた携帯ショップに自社の携帯電話を販売してもらう仕事をしていました。それが今では、日本中に広がりつつある来店型保険ショップの店舗展開を任されているのですから、よほど〝ショップ〟には縁があるのかもしれません。

若い頃から人と同じことが嫌いで、メーカー勤務時代から奇抜な格好をして目立つ存在。もちろん上司から睨《にら》まれましたが、抜群の営業成績を残して文句は言わせませんでした。営業の腕には自信があったので、新たな挑戦をする為に保険会社に転職することになります。

前職で培った営業実績と人脈があれば保険も売れる。そう高をくくっていたのですが、懇意にしていた携帯ショップのオーナー社長に会いに行くと、「10年経《た》っていても保険の仕事を続けていたら、またおいで」と体よく追い返されてしまいました。

以後保険を徹底的に勉強し、徐々に成果を出すようになります。しかし、自社の商品だけでは、お客様に心底納得していただくことは難しい。複数の保険会社を扱える保険代理店の道を選んだのは、そう考えた末のことでした。

暫《しばら》くして前述の社長のもとに伺うと「こんなに良い商品があるなら、なぜもっと早く来ないの！」と叱《しか》られてしまいました。嬉《うれ》しかったですね。複数の選択肢を用意できるようになって、本当に多くの方から喜んでいただけるようになったと実感しています。

お陰様で今では素晴らしいご縁をたくさん頂戴して仕事をさせていただいています。奇抜な格好をしている分、きちんと仕事をすると記憶に残るようです。これからもフランクで、インパクトに残る保険の相談相手であり続けたいと思っています。

インタビュアーの目線／

来店型ショップの全国展開を進める保険代理店で要職にありながら、個性的でアバンギャルドなスタイルを貫く白井さんですが、見た目と仕事内容のギャップで相手に強烈なインパクトを与えるやり方は、実は人知れず、相当な努力があって成立するのだと思います。実際には話す相手を非常に気遣う、細やかなセンスの持ち主です。

「経費適正化も取り入れた
バランスの良い経営を」

尾庭 靖男

Yasuo Oniwa

Profile

I･NEST有限会社　代表取締役
NPO法人FP相談ナビ　理事長

島根県出身。大学を卒業後、大手損保会社の総合職として勤務後、2005年1月に総合保険代理業としてI･NEST有限会社を設立。2013年には地域貢献の一つとしてNPO法人FP相談ナビを発足。会社をお守りするための保険やリスクマネジメントの相談に限らず、キャッシュフローを良くするために経費削減など幅広く会社や経営者のお金廻《まわ》りをより良くするための相談を得意とする。感謝される存在・組織であり続けるために、お客様や仲間（チーム）を大切に誠実で永続的な会社を目指し、現在に至る。

Contact

〒650-0015
兵庫県神戸市中央区多聞通 2-4-4 ブックローンビル西館8F
tel. 078-371-5217　fax. 078-371-5218
e-mail　oniwa@inest.co.jp
URL　http://www.inest.co.jp/（I･NEST）
URL　http://www.fp-soudan.or.jp（FP相談ナビ）
URL　http://www.kobehokennavi.com/（神戸保険ナビ）

経費適正化も取り入れたバランスの良い経営を

会社経営と経費適正化（削減）

会社経営者であれば、まず考えるのは売上や利益の向上ですが、経費削減について考えない人は少ないでしょう。売上から経費を引いたものが会社の利益となるわけですから、経費を削減し、利益をアップさせることで会社のキャッシュフローが改善することは周知の事実です。とくに中小企業経営者にとって、社員の雇用を守り、会社を永続的に続けていくことは社会貢献としても極めて重要です。そのためにも経費適正化によるキャッシュフローの改善は、必須の課題の一つと言えます。

実際多くの経営者の方が様々な経費削減を試みており、もうすでに対策済みと考える方も多いかと思います。しかし実際には、まだまだ知られていない経費適正化方法がありますす。調査専門で積極的な営業やＷＥＢ等での宣伝を行っていない場合が多く、案外と知られていないものが多く存在します。水道光熱費やエレベーターの保守費用、通信費など固定費、変動費含め様々な項目や適正化に向けた手法が存在します。ポイントは効果が大きく、難易度が低いものから優先的に取り組むことです。とくに中小企業の場合、自社内では限界がありますので、信頼できる専門業者へのアウトソーシングが効果的です。

固定経費の適正化事例

数多くある経費適正化事例の中から３つの固定経費適正化事例の方法を簡単に説明します。

①賃料の適正化

賃料適正化とは、その名の通り、借りている事務所や店舗などの賃料の適正化を行うことです。通常はなかなか変えられない固定費として認識されていますが、実は賃料は不動産相場、集客力など様々なデータを根拠に交渉をすることで、今まで相場より多く支払っていた場合に適正化（削減）することができます（実は市場の80％程度が削減対象とも言われています）。例えば２００８年のリーマンショック以降は不景気が続いたことで、現在の賃料相場は大きく下落し続けています。しかし、リーマンショック前から借りているテナントなどの賃料は、大半がそれ以前の相場のままで賃料を支払い続けている会社も多いのではないでしょうか？　景気の影響や物件相場の変動によって適正な賃料が変化している場合が数多くあります。

不動産鑑定士等の専門家を含めた信頼できるプロの専門業者に依頼することで、家主様と揉《も》めることなく、適正な賃料に交渉してもらえる可能性があります。自社内で専属担当者を配置できない中小企業の場合は自社で交渉するよりも決定率や効果が圧倒的に高くなります。また、成功報酬制を採用している会社が多いので、コストをかけず適正な賃料交渉が受けられます。

②固定資産税の適正化

通常、固定資産税は国の定めを基準に市区町村が計算しているので削減できないと思っている方も多いと思います。市区町村から届いた納付書に基づき、何の疑いもなく固定資産税を支払っている会社がほとんどではないでしょうか？　実は専門家に相談して固定資産を再評価することで適正な税額にしてコストを削減することができます。税計算が複雑ということもあり、実際に誤っている場合があるようです。ただし、専門家に依頼し適正化の調査ができる物件は、やや大きな建物、土地を所有されている方に限定されます。

一つの基準として、土地であれば同一市区町村で年間３００万以上納税されている所有地や、建物評価額が5億円以上の各種施設であれば、固定資産税を大幅に削減（適正化）できる可能性があります。また、固定資産税を過払いしていると判断された場合は過去5年から20年に遡《さかのぼ》って払いすぎた税金が還付されるので、キャッシュフローの改善にもつながります。こちらも完全成果報酬で対応されている専門調査会社が多く、コストをかけることなく実行することができます。還付が実現した際には、思いもよらない還付金なので経営者にとっては、埋蔵金が出てきたような感覚になります。

③社会保険料の削減（適正化）

社会保険料（健康保険料や厚生年金保険料など）は企業にとってやはり削減しにくいコストの一つです。厚生年金保険料は平成29年まで毎年０・３５４ずつ上がることが決定されれ実行されていますし、健康保険料率も年々アップしており、社会保険料コスト増はとくに中小企業の経営を圧迫してきています。この社会保険料を削減（適正化）する方法の一つに「選択制４０１ｋ」の導入があります。選択制４０１ｋは、個々の給与から生涯設計手当という名目で積立分を拠出し、その分は社会保険の計算上は所得とならないため、会社と従業員双方の社会保険料負担を減らす効果があります。

「増やす」「守る（借りる）」「減らす」の3つのバランスが大事

経費の適正化（削減）は、確かにキャッシュフローの改善をもたらしますが、一時的な経費削減だけでは会社の永続的な成長は望めません。会社経営を考える上で必要なのは経費削減に代表される「減らす」という考え方だけでなく、商品やサービスの拡充、社員採用、販路開拓など売上アップという「増やす」という考え方と融資や倒産防止共済、生命保険、損害保険などを活用した「守る」という３つのバランスが大切です。

例えば、経費削減だけにこだわりすぎて、生命保険や損害保険の保険料を必要以上に削減したことで、会社を「守る」部分が弱くなり、万一のリスクが発生したときに対策不可能となってしまうと本末転倒です。また広告宣伝、販促費、出店、人材採用などで売上を「増やす」ことはできるかもしれませんが、バランスを崩すと、コストを「減らす」ことが難しくなります。あくまでもキャッシュフローから会社経営を考えた場合ですが、この「増やす」「減らす」「守る」の３つのバランスを総合的に検討し実行することで、つぶれない会社になっていきます。

キャッシュフローを良くするために
3つの対策のバランスが大事

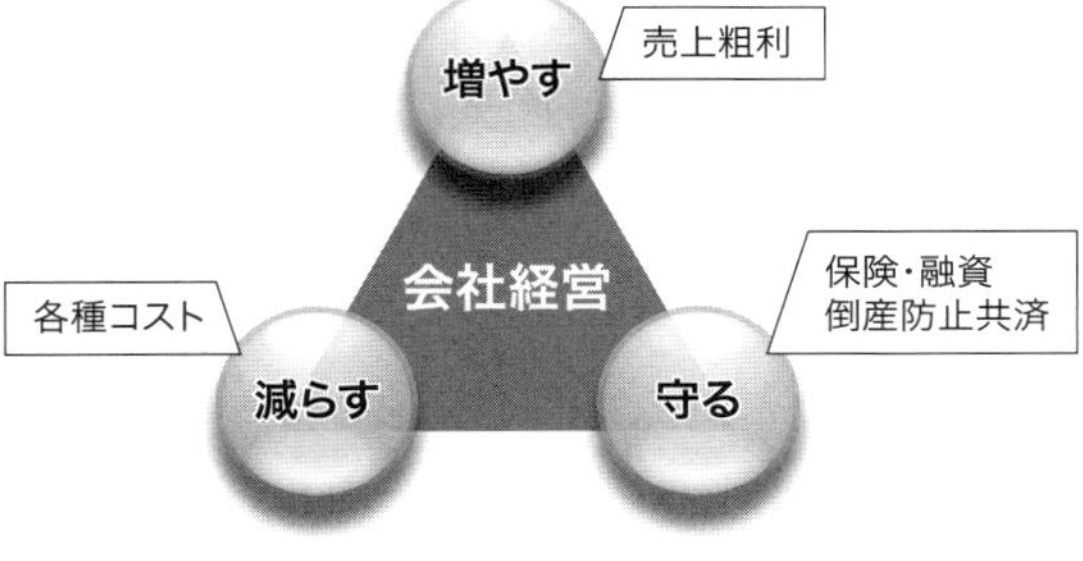

プロからのメッセージ

弊社は神戸駅前に本社オフィスを構え、お客様一人ひとりの考え方、生き方、ニーズに合わせたトータルリスクコンサルティングをご提供するほか、営業スタッフが地域密着のファイナンシャルプランナーとして公的機関などでも保険やお金の相談業務を行っている総合保険代理店です。

法人のお客様に関しましては、最近は保険のご相談以外にも、営業力・販売力の強化や人材の確保・育成、あるいはコスト削減、資金繰りなど、企業の抱える課題についてアドバイスを求められることが増えてきました。保険代理店はお客様をリスクから守るため、必要に応じた保険を提案し、ご契約に至るまで、実際には非常に広範な知識や対応が求められます。そのため私たちは様々な分野の信頼できる専門家と提携し問題解決を提供しますが、その結果として相談の守備範囲や人的ネットワークは必然的に広くなります。

元々税理士や会計士、社会保険労務士といった、いわゆる士業の方々とは親和性が高かったのですが、最近では各種コスト削減やオフィス環境整備等を提案する企業との連携が進むほか、保険に限らず、選択制401kや国内外の商品やサービスを紹介している代理店も増えています。保険代理店に保険の相談だけではもったいない。もっと気軽に社長の知恵袋の一つとして私たちを活用いただければと思います。

私は損害保険会社の出身なのですが、かつてのお客様不在の売上至上主義に疑問を感じ、現在の会社を立ち上げました。今の会社では、スタッフは売上ばかりを追求するのではなく、「ファン顧客づくり」を目標に、日々研鑽《けんさん》しています。お客様を永続的にお守りしていくためにも、まずはお客様に喜んでいただき、スタッフが楽しく、気持ち良く仕事を続けていける環境を一層整備していきたいです。

インタビュアーの目線／

奥様と二人三脚で、社内に自己啓発やチームビルディングの手法を積極的に取り入れている尾庭さん。従業員重視のスタンスで会社を伸ばしてこられたのは、そのバランス感覚の賜物だと感じます。人の話に真摯に耳を傾けようとする誠実さと国内外におよぶ広範な金融知識は、社長のサポーターとしてうってつけの人物です。

「損害保険はコスト・補償内容・サービスを比較する」

清水 丈嗣
Takeshi Shimizu

Profile

株式会社インシュアランスサービス
代表取締役社長

兵庫県出身。1994年ＡＩＵ保険会社入社、2002年株式会社インシュアランスサービスに入社し、2006年より現職。

株式会社インシュアランスサービスは1975年の創業以来、「保険会社の代理人でなく、お客様の代理人である」を経営の理念に、法人向けリスクマネジメントおよびクレーム（保険金の請求）コンサルティングサービスを提供。独立系の専業損害保険代理店としては国内有数の規模と実績を誇る。

Contact

（本社）
〒659-0094
兵庫県芦屋市松ノ内町 1-10 ラリーブ2F
tel. 0797-32-8080 fax. 0797-32-9385
e-mail info@inss.jp
URL http://www.inss.jp

損害保険はコスト・補償内容・サービスを比較する

企業の損害保険も比較検討の時代に

インターネットの普及により、とくに個人分野では保険を比較して検討するのは一昔前に比べると盛んに行われており、生命保険については比較サイトや複数の保険会社を扱う代理店による商品比較がよくなされています。損害保険についても自動車保険を中心に比較検討されるのが普通になっています。

しかし企業の損害保険については、今までは関連する企業の企業代理店や昔から付き合いのある代理店で加入していたケースが多く、相見積もりなどの競争が少なかったためか、保険料が高かったり補償内容が不十分であったりと、最適な形での契約がなされていない事例も多く見受けられます。

損害保険については「どの保険会社で加入しても同じだろう」や「前と同じ条件でそのまま続ければいいだろう」と考えている方も多く、1年ごとの契約更新の際に、前年同条件でそのまま契約が更新され続けているケースが多いです。

しかし、実は損害保険はきちんと見直すことで保険料は変わらずに、より充実した補償が得られたり、補償内容は従来通りで保険料を安くすることもできるのです。しっかりとした損害保険契約に加入することは企業のリスクマネジメントや経費削減にもつながります。見直しをすることで、同じ補償内容なのに保険料負担が1／2、1／3まで下がるケースも珍しくありません。

損害保険の見直し3つのポイント

損害保険の見直しは次の3つの比較ポイントを押さえながら行います。

①コストの比較　～更新時は保険料見直しのチャンス

損害保険の保険料は会社にとってコストになります。コストをいかに下げるかは会社経営をしていく上で重要な要素になります。

損害保険の保険料は同じ補償内容でも保険会社ごとに保険料が違います。複数の保険会社の保険料を比較して、コストが安いものを選択する必要があります。

また、次のような方法を取ることでも、コストダウンが可能となります。

（1）複数のものを包括で契約することにより、割引が受けられる。

（2）既存の契約で、より割引が利く保険会社を探す。

（3）相見積もりを取ることで、保険料を下げる交渉をする。

年に1回の更新時は実は保険料が下げられるチャンスでもあります。前年同条件であれば保険料は同額と安易に考えず、保険料負担を下げられるかどうか検討することが大切です。

②補償内容の比較　〜同じ補償でも実は保険会社によって違う

損害保険は「保険」なのでその補償内容を比較する必要があります。最適な補償額で加入するのはもちろんですが、たとえ同じような補償内容でも保険会社によって中身が違うものが多くあります。

例えば、海外ＰＬ（生産物賠償責任）保険など、海外でのリスクを補償するものであれば、外資系の損害保険会社を活用した方が、訴訟になった場合に良い弁護士を活用できるケースもあります。また、代表者が訴訟のために海外に行く場合に、渡航の際の飛行機にビジネスクラスを使えるような保険金が出るところと、エコノミークラス分までしか出ないところなど、保険会社によって違いが出ることもあります。

このような細部にわたる補償内容の比較は、複数の損害保険会社の商品を取り扱い、各社の商品の補償内容や違いをよく理解している、「乗り合い代理店」でないと難しいでしょう。

③サービスの比較

損害保険はサービスのいい保険代理店を選ぶことも大切です。保険商品の内容だけではなく、それを取り扱う保険代理店にも注目しなければなりません。保険は契約すれば終わりではなく、契約後の管理が大事だからです。

とくに、事故時の保険金請求の手続きには保険代理店が大きくかかわってきます。保険金請求の際に、お客様の立場に立って丁寧にヒアリングし、適正に保険金が出るように交渉をしてくれるのは保険代理店だからです。保険金請求実績の多い保険代理店ほど、様々な事故時の請求事例を経験していることから、お客様と保険会社の間に立っての最適な対応を期待できます。こうした、保険代理店が提供するサービスや実績の差についても、よく検討しましょう。

乗合代理店だからといって過信は禁物

先に述べた3つの比較をするには、保険会社それぞれに別々に相談をするよりも、複数の損害保険会社の商品を取り扱っている「乗合代理店」に相談するのが一番手間がかからなくてベストです。全ての見積書をワンストップで得ることができます。

ただし、全ての乗合保険代理店ならびに保険担当者が、全ての損害保険会社の商品に詳しいとは限りません。代理店によっては、メインで活用している損害保険会社があり、その他の乗合保険会社はサブで活用しているという場合もあり、その場合は中立的な立場での提案が期待できない可能性もあります。

保険商品の比較も大事ですが、複数の保険会社の商品を中立的に比較してくれる保険代理店を選ぶことも、慎重に検討されることをお勧めします。

プロからのメッセージ

弊社は中立な立場で保険の媒介をする欧米の保険ブローカーを手本とし、1975年(昭和50年)に兵庫県神戸市中央区で創業いたしました。創業以来、「保険会社の代理人でなく、お客様の代理人である」を経営の理念に、リスクマネジメントに基づいた企業様向け保険プログラムの設計や保険金のご請求サポートを中心に取り組んでいます。

1997年の自由化規制緩和以来、損害保険・生命保険は複雑化・多様化を続けており、保険商品、保険料の差別化が進展しています。

弊社は、損害保険会社17社、生命保険会社19社、少額短期保険会社1社の保険商品ならびに関連サービスを取り扱っており、主に首都圏、中部圏、関西圏で法人約5000社様、個人約1万2000名様とお取引させていただいております(平成25年9月現在)。また、年間に取り扱う保険金のご請求事案は3000件を超え、保険プログラムの設計から企画開発、保険金のご請求までノウハウを蓄積しています。

保険は「無形の商品」であり「信用が全て」と考えています。弊社は平成26年に創業40

周年を迎えます。弊社を信用してお取引いただいているお客様への感謝を忘れず、信用を大切に今後も研鑽を続けて参ります。

インタビュアーの目線／

全国でも有数の独立系専業保険代理店の二代目として会社を引き継がれたプレッシャーは相当だったかとお察ししますが、お客様からの信用と、創業以来の経営理念を誠実に守り続けながら、時代の変化にも対応して成長を続けていらっしゃいます。

「中小企業にこそ地震保険で万全の備えを」

中村 治

Osamu Nakamura

Profile

有限会社ベスト・プランニング・サービス
代表取締役
ファイナンシャルプランナー

青森県出身。
思い立ったらすぐに実行する行動派である半面、保険商品やその周辺知識の習得を怠らない勉強家の一面も併せ持つ。青森では珍しい来店型の保険ショップを構えるほか、最近では日本医療コーディネーター協会認定のライフケア・プラクティショナーの資格を取得し、お客様の幸せのために日々研鑽を重ねている。

Contact

〒030-0846
青森県青森市青葉 2-3-9
tel. 017-721-3233　fax. 017-721-3234
e-mail　bps-osam@cronos.ocn.ne.jp
URL　http://www.bps.soudancenter.com/

中小企業にこそ地震保険で万全の備えを

地震大国の企業リスク

２０１１年3月11日に発生した東日本大震災では、中小企業の多くが会社設備をはじめ貴重な人材を失うことになり、廃業を余儀なくされた企業など、自社製品やサービスの供給が遅れたことで顧客離れや事業縮小となった所も多々ありました。

地震大国日本で生きている限り、経営者はとくに、こうしたリスクへの備えに向き合っていく宿命を担っていることを忘れてはなりません。

地震が起こったときに、社屋や工場など建物そのものへの被害はもちろん、機械や各種の設備が破損すれば多大な損失をこうむるだけでなく、業務がストップすることにより長

郵　便　は　が　き

お手数ですが、
50円切手を
おはりください。

151-0051

東京都渋谷区千駄ヶ谷4-9-7

(株) 幻冬舎

『小さな会社のための「お金の参考書」』係行

ご住所　〒□□□-□□□□ Tel.(　-　-　) Fax.(　-　-　)			
お名前	ご職業		男
	生年月日　年　月　日		女
eメールアドレス：			
購読している新聞	購読している雑誌	お好きな作家	

◎本書をお買い上げいただき、誠にありがとうございました。
質問にお答えいただけたら幸いです。

◆『小さな会社のための「お金の参考書」』をお求めになった動機は？
① 書店で見て ② 新聞で見て ③ 雑誌で見て
④ 案内書を見て ⑤ 知人にすすめられて
⑥ プレゼントされて ⑦ その他（ ）

◆本書のご感想をお書きください。

今後、弊社のご案内をお送りしてもよろしいですか。

（ はい・いいえ ）

ご記入いただきました個人情報については、許可なく他の目的で使用することはありません。

ご協力ありがとうございました。

期的に受ける損失を考えると被害は甚大なものとなります。もしものときも、事業継続や再開がスムーズに行えるように、こうしたリスクへの対策を事前にしっかりと行い、安心して働ける環境を整えることは会社を守る上でも大切なことです。

しかし現状では、とくに中小企業における地震や災害への対策は非常に遅れているのが現状です。ですから多くの経営者の皆様に、様々な保険を活用することで地震リスクを軽減できることをもっと知っていただきたいと願っています。

地震リスクには損害保険で100%のカバーを

地震が頻発する我が国でありながら企業の地震対策が遅れている原因として、経営者の皆様からは「そもそも（法人が）地震保険に入れるとは思わなかった」「保険会社が引き受けてくれない」「保険料が高いのでは？」といった声をよく耳にします。しかし、これは正しい情報が行き届いていないだけです。

また、法人向けの地震保険商品や各種の特約は、専門的な商品も多いことから、保険代理店や保険会社の人でさえも知識や経験値に差があることで、十分な提案を行えていないケースもあります。

しかし、法人向けの各保険会社の商品や特約を効率良く組み合わせ活用することで、実は、地震への補償は損害保険で１００％カバーできると言っても過言ではありません。

例えば印刷業など高額な精密機械を使用する業種や、病院や診療所など高額な医療機器を取り扱う業種の場合はとくに、地震発生によってこれらの設備が破損した場合の損失は高額にのぼることになります。

またリース契約をしている機材の場合でも、リース先に保険の内容を確認して不足する分を把握し対策することや、精密機器の周りの機器類も含め補償を確保することも、より安心な備えを確保するためのポイントとなります。

地震保険が守るのは〝モノ〟だけではない

地震保険を考えるときには、建物や什器備品など〝モノ〟が受ける損失だけでなく、その先に起こりうるリスク全体を考えていただきたいのです。

例えば、地震で建物や什器備品が損害を受ければ、それらの機器を使って働いている従業員の仕事が失われ、働く場が失われれば収入が途絶える、それは従業員やその家族などたくさんの人の生活や人生を大きく左右することになります。更には、事業がストップすることで、関係取引先にも甚大な被害を与えてしまう場合もあります。そして、その後の事業再開が遅れれば遅れるほど信頼は失われ、損失は非常に大きなものとなるのです。

「保険料が高いのでは？」という声もありますが、実際に地震災害が起こったときに自社がこうむる損害額を考えていただければ、決して高いものではありません。

また実際のリスクの内容は、その企業が使用する什器備品の種類や設備規模をはじめ、各業界などによっても異なっています。まずは自分の会社のリスクを正しく分析し、これを補うための必要な補償を明確に算出することが大切です。

それには、企業リスクに詳しく、企業向け損害保険の取り扱い実績を数多く持つ保険代理店、また、その地域や、あるいは業界に起こりうるリスクの知識を幅広く持っている保険代理店を選ぶことも、重要なカギとなります。

企業の総合的なリスク管理に保険の活用を

企業に起こりうるリスクは、地震の他にも様々なものがあります。例えばマイカー通勤する従業員が多い場合、もしも従業員が任意の自動車保険の更新手続きをうっかり忘れて、無保険状態で自動車を運転し通勤途中に人身事故を起こした場合、その損害賠償責任が、雇用主である企業に課されるケースもあります。被害者が死亡された場合など、賠償額が多大となり経営に影響するリスクもあるわけです。とくに地方の中小企業はマイカー通勤者が多いので、こうしたリスク対策も含め、広い視野で考える必要があります。

その他、賠償責任などを含む各種の損害保険商品をはじめ、生命保険を活用した役員の保障や従業員の福利厚生プランなど、保険は様々な活用が可能な商品です。

こうした、企業リスクをトータルしてコンサルティングできる、実績と経験値の高い保険代理店を選び、企業全体のリスクマネジメントに、地震保険をはじめ各種の保険商品を総合的に活用することで、是非、有効な企業防衛にお役立てください。

プロからのメッセージ

青森市内に保険代理店として事務所を構えて13年。来店型の保険ショップを拠点に個人のお客様へ保険の見直し提案を行う一方、市内の一般企業・経営者様、医療法人・お医者様に対して、リスクマネジメントや相続対策などのコンサルティングをさせていただいています。

お客様からお知り合いをご紹介いただくことも多いことから、お陰様で東京や他府県にもお取引先様はいらっしゃいますが、やはり自分自身の生まれ育った青森という場所とそのご縁は大切にしています。人と人、会社と会社をお繋ぎする黒子役に徹することが、結果的に「いい保険屋さん、知ってるよ」というご紹介に繋がっているのだと思います。

このように頂戴したご縁を大切に繋いでいくために、そして私も含めた社員全員が胸を張って働くために、弊社では保険会社から提示される「手数料表」は、ほとんど見ることがありません。どの保険が自分たちにとって実入りが良いかを考えている暇があったら、どの保険がお客様にとって最善なのかを徹底的に調べるべきだと思っているからです。

「お客様にはこれがベストなプランです」。社員の誰もが、いつもそう胸を張って言い続けてほしい。社名のベスト・プランニング・サービスは、私たちのそんな決意の表れです。

東北地方では、会社も経営者も、壊滅的な震災の被害から一歩ずつ立ち直ろうとしています。会社は不測の事態を乗り切りながら永続的に繁栄し、経営者自身も安心して経営に専念しながら、自らの未来の展望が描ける……。そのような会社と経営者がもっと増えたときが、東北復興のときなのだと思います。私たちはこれからも、縁の下の力持ち的なサポートを社員一丸となって続けていきたいと思います。

インタビュアーの目線／

青森を心から愛し、地域に安心を広めるために地道な経営努力を続ける一方で、精力的に全国を飛び回って自らの見聞を広め、その知見を再び地元に還元している中村さん。ご家族が東京にいることから、都内にも新たに拠点を構え、正しい保険の普及を一層加速させる勢いで奮闘中です。

「海外PL保険」

熊倉 健太
Kenta Kumakura

Profile

株式会社アテンドライフ
代表取締役

東京都足立区出身。
現在の保険の仕事をする前は理容業の道を目指していたという変わった経歴を持つ。いつでもお客様のご要望に応えられるよう、どんなときでも携帯電話を手放さない。趣味は高校時代から打ち込んできた野球で、週末は子どもの野球指導に力を入れている。

Contact

〒111-0023
東京都台東区橋場 1-2-10
Tel. 03-3873-9779 fax. 03-3873-9711
e-mail k.kumakura@attend-life.co.jp
URL http://www.attend-life.co.jp/

海外ＰＬ保険

グローバル化することによる訴訟リスク

国内で製造業を営んでいるA社に、突然、外国の弁護士事務所から英文で書類が届きました。仕事も忙しいし、自分の会社は製造業とはいえ海外に商品を輸出しているわけではないから、あまり関係はないだろうとそのままにしていたら、多額の損害賠償請求金を支払う羽目になってしまいました。

これは実際にあった事例です。かねてから欧米の社会は弁護士が多く、訴訟社会と言われておりますが、その訴訟額として高額な賠償金額と訴訟対応費用が発生する恐れがあります。また近年はアジアでのビジネスを検討される会社も多いですが、既に中国、台湾、韓国、フィリピン、マレーシア、タイ等では、ＰＬ（生産物賠償責任）に関する法律が立法化されており、消費者のＰＬに対する関心は高まっています。
このような訴訟リスクを回避するために加入を検討するのが「海外ＰＬ保険」です。

海外ＰＬ（生産物賠償責任）保険とは

ＰＬ保険とは「生産物賠償責任保険」の略称で、会社が製造または販売した製品によって「日本国内」において生じた他人の身体の障害、または財物の損壊について、会社が負担する法律上の損害賠償金および争訟の解決のために要した費用等のリスクをカバーする、という保険です。

これに対し、海外ＰＬ保険とはこの国内ＰＬ保険の海外版で「日本国外」を補償します。

会社が海外の被害者から損害賠償請求を受けた場合は、保険会社が現地の法令等により禁止・制限されている国・地域を除き、被保険者の訴訟に応じる手続きや示談交渉を行ってくれます。

保険料が高いイメージがありますが……？

海外ＰＬ保険を一度でも検討されたことのある経営者からは、「海外ＰＬ保険が必要なのはわかるが、保険料が非常に高いので払いたくても払えない」という意見を多く頂きます。確かに、以前の海外ＰＬ保険は、保険料が数百万円もかかるような高い保険でしたが、近年は保険ニーズが高くなったことで契約件数が増加したため、保険料が下がってきている傾向にあります。

また、商工会議所や全国中央会等の団体割引制度を活用すれば、割安な保険料で検討することも可能です。団体によっては最大30％程度の保険料の割引が受けられるケースもあります。過去に保険料が高くて断念された会社でも、今はどのぐらいの保険料になっているか、再度見積もりを取られることをお勧めします。

必要性が増す海外ＰＬ保険

「うちの会社は製造業だが、海外に商品を輸出していないので海外ＰＬ保険は必要ない」という経営者の方もいらっしゃいますが、実は、日本国内のみで商品を製造販売していても、その商品が次のような形で海外に流出した場合は、海外ＰＬ事故の賠償責任があります。

○間接輸出品

自社で製造した部品や原材料を、販売先である日本国内の完成品メーカーが製品に組み込んで海外に輸出する場合。

○グレー・マーケット製品

自社が製造または加工した商品が観光地で販売され、外国人旅行客がよく土産として購入し、帰国先で活用する場合。

以上のようなケースは海外ＰＬ保険に加入していないとそのリスクはカバーされません。

この他にも、「国内ＰＬ保険に加入し、特約で海外も補償されるものがついているので大丈夫」というご意見も聞いたことがありますが、この場合、商品の購入者が日本人であれば海外でのＰＬリスクについても補償されますが、購入者が外国人の場合は補償対象外となっていますのでご注意ください。やはり海外ＰＬ保険に加入していないと安心できないわけです。

海外ＰＬ保険加入時の注意点

海外ＰＬ保険の必要性を理解して加入を検討される場合、次の２つの点に注意してご検討ください。

①損害保険会社選び

各損害保険会社によって、「契約件数」と「海外拠点数」「保険料」には大きな違いがあり、契約件数が多い方がノウハウの蓄積があるため訴訟になった場合に有利に展開できます。また、訴訟が発生した国に海外拠点数がない場合には、現地でのノウハウ構築や素早い対応ができないため、拠点数の多さを確認することも大事です。

また先に団体割引制度の活用で保険料が安くなる、と述べましたが、保険会社によって契約している団体が異なっていて、団体により割引料率も異なりますので、保険料負担を抑えたい場合は、割引料率の大きい団体と契約している保険会社を選ぶと良いでしょう。

②保険代理店選び

損害保険会社だけでなく保険代理店選びも大切です。保険会社や商品が良くても、訴訟が発生した場合にフォローをしてくれる保険代理店の対応が不十分だと、せっかく良い保険に加入していても効果が半減してしまいます。

保険代理店は、その代理店によって得意分野に違いがあり、海外ＰＬ保険の取り扱い実績が少なく、あまり知識がない代理店もあります。損害保険の取り扱い歴が長く実績があるところや、海外ＰＬ保険販売に力を入れている代理店の方が、万一の事故の際の対応やフォロー体制に安心感が持てます。

プロからのメッセージ

弊社アテンドライフは複数ある保険会社・サービスの中から、お客様のライフスタイルに合わせた保険のプランをご提案する保険代理店です。

保険を「モレなく、ムダなく、わかりやすく」をモットーにお客様に生損保トータルのプランをご案内しています。

弊社の強みは、各地に広がる提携企業のネットワークです。不動産屋や車の販売店など、顧客に潜在的な保険加入者がいるところに保険販売の資格を取得してもらい、お客様を紹介してもらっています。

事故の処理など保険の実務は、すべて弊社が行うため、本業に支障が出ることもありません。むしろ紹介することで、提携企業は仲介手数料を手にすることができます。

私たちと提携していただくと、専用のソフトを導入してもらい、大切なお客様が保険に入っているか、それとも保険が切れてしまっているのか、すぐに確認ができるようになります。またお客様のフォローは全部弊社が引き受けるので、ご紹介いただくだけで構いません。

保険に加入する人の多くは、紹介やクチコミなど人のつながりを優先します。そのため提携企業が増えるほど紹介案件も増え、丁寧なフォローが必要になります。もしもご紹介いただいたお客様への対応が不適切なら、紹介者の信用まで傷つけてしまいます。

弊社は社員全員がお客様の担当となって、お問い合わせに対して一つ一つ丁寧にフォローする体制ができています。

今後も保険を通じて皆様のお役に立てるよう社員一丸となって頑張っていきます。

インタビュアーの目線／

スカイツリーを望む隅田川のほとりにある事務所はいつも活気に溢れています。在籍している男性スタッフは全員、熊倉社長と同じ高校の出身で、しかもみな野球部に所属していたと言います。野球を通じて培われたチームワークが、会社の急成長やお客様の信頼を得ている源泉となっています。

「就業規則が社長の想いを伝える」

田井中 道江
Michie Tainaka

Profile

田井中労務行政事務所
代表
社会保険労務士

大分県出身。

中央大法学部在学中に、宅地建物取引主任者試験、行政書士試験に合格。卒業後はAFP試験、社会保険労務士試験に合格。司法書士事務所・大手不動産販売会社勤務を経て、2003年に事務所を開所。

2008年に特定社会保険労務士試験合格。現在、大阪を中心に社会保険労務士業を展開。「会社も働く人も共に幸せになるお手伝い」をモットーにお客様本位の労務を提案している。人間関係を更により良くするために最近心理学も学んでいる。趣味は旅行。47都道府県全て制覇。

Contact

〒541-0048
大阪府大阪市中央区瓦町 4-3-14 御堂アーバンライフ504
tel. 06-6202-0365　fax. 06-7504-6802
e-mail nqe44857@nifty.com
URL http://www.tainakaroumu.com/

就業規則が社長の想いを伝える

就業規則は会社の憲法

就業規則とは、労働者が就業する上で遵守すべき規律及び労働条件に関する具体的な細目について労働基準法に基づいて定められた規則のことを言います。

労働基準法の規定により、法人事務所、個人事務所を問わず常時「10人以上の労働者」を使用する使用者は就業規則を作成し、所轄労働基準監督所への届け出が義務づけられています。ここで言う10人とは、正社員のみでなくパートやアルバイトも含んだ人数なので、現状で相当数の会社が該当することになります。また、労働者が10人未満でも就業規則を作成することが望ましいとされています。

就業規則は、会社のルールブックもしくは憲法とも言えます。

就業規則の問題点

就業規則には3つの問題点があります。以下、その問題点について見ていきます。

①就業規則を作っていない

就業規則がないと、法令や慣例、常識など以外には、職場にルールが無いのと同じ状態と言えます。就業規則を作らなければ、会社で発生する様々なトラブルに対しても、場あたり的に解決しなくてはいけません。

労使間でトラブルになりやすいものとして、退職のルールや退職金の定め、休憩・休日や残業代、賃金、懲戒などがありますが、これらについて労使間でトラブルが発生し裁判となった場合に、就業規則でルールが明確に定められていなければ、使用者側が負ける場合が殆《ほとん》どです。

更に、インターネットが発達している現在、従業員の知識が高度化しており、労働条件などに不満を抱く従業員の駆け込み寺が増加していますので、しっかりとした就業規則を整備しておかないと、モンスター社員のような人が出てくるかもしれません。

また、良い従業員に会社に残って貰いたいのなら、良い就業規則が必要なのです。

②就業規則の内容に不備がある、もしくは会社にマッチしていない

経営者の方の中には、「就業規則は昔に作ってあるので大丈夫」と言う人もいます。しかし、その就業規則の内容が、必ずしも現在の会社の内容にマッチしていないという可能性もあります。

法律の改正や運用状況の不具合によって修正したほうがいい場合もありますし、会社の規模や業態が変わったことにより、過去に設定している内容だけでは足りないものがあったり、過度な設定内容になっている場合もあります。

例えば「休職期間」についてですが、休職期間とは病気やケガなど労働者の個人的な事

情により、在籍扱いのまま労働義務を免除する期間のことを言い、法律上は設けなくても良いものです。しかし、古い企業などで、休職期間が長期間のままになっているところを多く見受けます。これらはそもそも、重い病気を想定して作られたもので、例えば、勤続5年を超える社員の場合に休職期間は1年半まで取れる、という内容のものが以前は一般的でした。

しかしこの規定の設定当初は、うつ病などの心の病を想定していませんでした。現代病とも言われるうつ病は、近年発症者が非常に増えて、そのために休職する人が増加しています。そのため、こうした疾患による治療期間を想定して、休職期間を数か月間に短縮するなど規定の内容を今一度見直して、時代にマッチしたものに調整する必要があります。

③就業規則が正しく運用されていない

また、就業規則があり且つそれが問題の無い内容でも、正しく運用をされていないと、せっかくの就業規則も宝の持ち腐れです。有給休暇の運用方法によっては当日欠勤を減らすこともできますし、退職金規程の定め方によっては退職者がきちんと引き継ぎをしてから辞めるようにすることもできます。就業規則はただ作成すれば良いわけではなく、どのように運用していくかについて考えることもとても大事です。

就業規則の作り方

就業規則の作り方がわからない、もしくは作るのは面倒と思われている経営者の方も多いと思います。しかし、実は就業規則を作るのはそれほど大変な作業ではありません。

まずは、ある程度形の整った就業規則のひな形がありますので、それをベースとして活用しながら、就業規則のプロである社会保険労務士に依頼し、しっかりと相談とチェックを行いながら作成することをおすすめします。

また、就業規則は社長や役員だけが検討するものではなく、従業員と一緒に作り上げていくのが理想的です。会社にとってどのようなルールが必要か、何故このようなルールが存在するのか、社長だけではなく社員も理解することで、会社の進むべきベクトルを同じ方向に向かせることができます。

また、就業規則は作ったら終わりではなく、定期的なメンテナンスが必要です。そのためにも就業規則を作るときだけに社会保険労務士に依頼するのではなく、定期的にヒアリングを重ねながら最良のものに修正していくことが大切です。

社長の想いを伝える

実は就業規則は先に述べたような、モンスター社員が出ないようにするために作るものではありません。社長の想いを形に変えたものこそが、就業規則なのです。つまり、マイナスを防ぐために作るという後ろ向きの発想ではなく、社長の想いを従業員に伝え、社長にとっても従業員にとってもプラスに働くような前向きな発想で取り組むことが大事です。是非、会社の更なる発展のために就業規則について真剣に検討してみてください。

プロからのメッセージ

田井中労務行政事務所は大阪を中心に社会保険労務士・特定社会保険労務士業を展開している事務所です。当事務所では煩雑な労働社会保険関係の手続き、給与計算をはじめ、就業規則の作成・見直し、労務管理など人事・労務全般にわたり業務に取り組んでおります。

当事務所では、名古屋の北見式賃金研究所が主宰する賃金コンサルタントの一員として、中小企業の給与テーブルを保有しており、その地域に合った客観的なデータをもとに、中小企業の給与設計をサポートできる体制を整えているのも特徴の一つです。

日本の企業の150万社のうち、9割以上が従業員50人までの会社と言われていますが、大企業と中小企業の労務管理は全く別物です。例えば、大企業の社長は従業員全員の家族構成を覚えきることはできません。しかし、中小企業では従業員は家族であり、その家族の顔も見えるものです。大企業を参考にした労務管理や賃金体系では決してフィットしないのです。

また昨今では、大勢の社労士を抱え、分業制を敷く事務所も増えてきました。大所帯の事務所は一見しっかり思えるかもしれません。けれども、要は社長がお困りのとき、どれだけその会社の状況を把握した上で相談にのれるかということが大切。だから私は、顔の見える事務所にこだわっているのですが、そのせいか当事務所では単発のお仕事ではなく、ほとんどが継続的な顧問契約です。

当事務所のモットーは「会社も働く人も共に幸せになるお手伝い」。私自身はこの仕事を通じて、会社の組織ができあがっていく過程を見られることが大きな喜びであり、幸せです。幸せになるお手伝いをしながら、自分たちも一緒に幸せになれる。本当にありがたいお仕事です。

インタビュアーの目線／

田井中さんとは、当事務所に顧問を依頼されている知人経営者の紹介で知り合ったのですが、面倒見の良さは初めてお目にかかったときから伝わってきました。またご自身も京セラの創業者である稲盛和夫氏主宰の盛和塾で学ばれており、同じ経営者目線で相談にのっていただける点も大きな強みだと思います。

「社内改革は企業研修と制度設計の両輪で」

大泉 敦史

Atsushi Oizumi

Profile

大泉式労務管理事務所
所長
社会保険労務士、行政書士

茨城県出身。

高校からフェンシングを始め、インターハイへ出場。スポーツ推薦で東京農大・醸造学科へ進学し、白衣に身を包む傍ら、フェンシング部の主将を務める。

卒業後は司法書士事務所で勤務しながら社会保険労務士試験に合格し、29歳で独立。経営者とのコミュニケーションを最も重視し、労務管理を通じて地元茨城の中小企業の業績向上を目指す。趣味は源泉掛け流しの温泉巡り。

Contact

〒319-0315
茨城県水戸市内原町1543番地
tel. 029-212-3277　fax. 029-212-3276
e-mail　sharousisan2002@gmail.com
URL　http://www.sr-ohizumi.jimusho.jp/

社内改革は企業研修と制度設計の両輪で

企業研修と制度設計をセットで考える

社員のモチベーションとパフォーマンス向上のため社内の体制を変えたい、と考える経営者の方は多いことと思います。

社内の風通しが悪い、仕事配分のバランスが悪い等の問題の是正を図りたい会社もあれば、とくに大きな問題は無くても、今後の業容拡大に向けてよりレベルアップした社内体制を作りたいという会社もあるでしょう。

社内改革を実行するために、まず思いつくのが様々なタイプの「企業研修」の導入です。

しかし、ただ研修を受けただけでは、一時的にモチベーションやパフォーマンスが上がったり従業員同士のコミュニケーションの改善が図れたとしても、それらを長期間維持するのは非常に難しいという声も多くあります。また、既存の社内制度がマッチしておらず、せっかくの改革意識を削《そ》いでしまうというケースも見受けられます。

次に思いつくのが就業規則や給与規定等の「制度設計」です。

より仕事をしやすい労働環境や、モチベーションが上がるような魅力的な給与規定の改定など、社内の制度設計は働き手のモチベーションを上げたり、明確な制度があることによって労使間のトラブルを軽減できるなど、多くの効果を期待できます。しかし、社内のコミュニケーションが円滑でないと、制度内容が従業員の望むものとは違っていたり、制度を整備したものの上手《うま》く機能しないという可能性もあります。

実は、企業研修と制度設計は密接に関わっており車の両輪のような関係にあります。

有効的な社内改革を推進するには、企業研修と制度設計を同時に進めていくことが大切であり、両軸のバランスをとることで、より効果的に活かすことができるのです。

企業研修で社内のコミュニケーション向上を

様々な企業研修がありますが、その中でも、まずは社員同士のコミュニケーションの向上を図れるものから検討されることをお勧めします。

会社の同僚や上司、また家族や友人、近所の人に至るまで私たちを取り囲む人間関係には限りがありません。すれ違いやストレスが無く、お互いがお互いの刺激や支えとなり、満たし合える関係になるためには、相手を理解してコミュニケーションを円滑にすることが必要です。

従業員が働きやすく魅力的な給与制度や就業規則など、どんなに会社が良い制度設計を導入したとしても、それらを実行する従業員の、人間関係のベースとなるコミュニケーションが上手くいっていないと、せっかくの制度も有効に機能しないからです。

また、企業研修は従業員のためのものだけでなく、社長や管理職の人も積極的に参加することが大事です。会社は、「社長を含めた一つのチーム」として動いています。良いチームにするためには、社長が従業員のことを理解するだけでなく、従業員にも社長のことを理解してもらうことが必要です。

社長や管理職が従業員のことをよく理解し、また従業員も、社長や管理者の考え方をよく理解して、互いの性格の「見える化」を図ることで、コミュニケーションがとりやすくなり、業務の流れがスムーズになったり、生産性が上がる可能性が高まります。こうした働きやすい環境作りが有効な社内改革への近道となります。

車の両輪のようにバランスをとりましょう

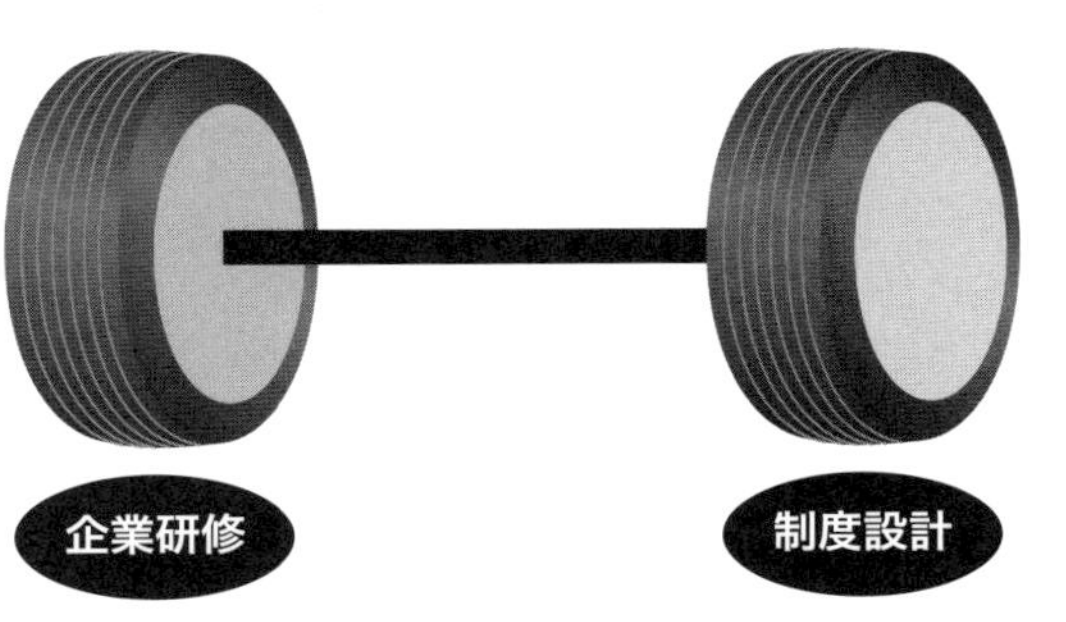

社内改革はコスト減と売上増に繋がる

コミュニケーションがとれていない職場や、給与規定や就業規則などの社内制度に偏りや問題の多い職場は、結果として労使間のトラブルを生むことになったり、業務が効率良く流れないことで生産性が落ちたりと、様々なマイナス要素を生むことになります。

その結果、不要な残業代を払わなくてはならなくなったり、訴訟や裁判を起こされたり、離職者が増えると新しい人を採用しなければならず採用費がかかるなど、余分なコスト増へと繋がり会社経営を悪化させてしまいます。

また、こうしたトラブルはコスト増だけでなく、従業員の仕事のパフォーマンスの悪化を生み、結果として売上ダウンに繋がります。

企業研修と制度設計をセットで考えて社内改革を図ることで、労働環境を整え社内制度を明確化すると同時に、企業研修等で社内のコミュニケーション向上を図ることで、コスト削減と売上増に転じる可能性がより高くなり、安定的で強固な経営体制を備えた会社を作ることができます。

また、こうした改革を試みるには、労務と企業研修の双方に詳しい、という専門家を探すことが近道となるでしょう。

プロからのメッセージ

労務・賃金制度・就業規則・社会保険について、従業員100人以下の茨城の中小企業を応援したい。そんな思いで自分が生まれ育った水戸で事務所を興して11年。社会保険労務士と行政書士の資格をもって経営者のサポートに尽くしています。

経営者の方にお話を伺うと、「社労士とほとんど口をきいていない」「労務相談をしたいが聞きづらい」「社労士との年齢差があって話が合わない」といった声をしばしば耳にします。これはひとえに経営者と社労士のコミュニケーション不足が原因です。

またどんな会社にも必ず起こり得る社内の人的トラブルも、その多くはコミュニケーション不足に起因しています。そこで私は経営者、ひいてはその従業員の皆様とのコミュニケーション活性化のためにPCM®（プロセスコミュニケーションモデル、以下「PCM」）を自ら学び、実践しています。

PCMとは、NASAの宇宙飛行士の選抜や、米大統領選などにも導入されていることでも知られるアメリカのケーラー博士によって科学的裏付けをもとに作られたコミュニケーション手法。

ビジネスの分野でも、アメリカ内外で多くの世界的企業の組織作り、組織戦略、社員教育などの中にも取り入れられており、実際にPCMを導入した私の顧問先でも、労使間のコミュニケーションが改善し、離職率低下や業績向上などの効果が表れています。

当事務所のミッションは「労務管理を通じてお客様の業績の向上に寄与すること」。私たちはこれからも経営者の皆様とのコミュニケーションを重視することで中小企業の業績向上に寄与し、お客様から頼んで良かったと喜んでいただけるように頑張りたいと思います。

インタビュアーの目線／

インタビュー中も、インタビューを受ける側でありながら「傾聴」という言葉そのもののように、私の話に穏やかに頷《うなず》いておられる大泉さんが相手なら、少し聞きづらいようなナイーブな問題も、安心して相談できる気がします。また、自ら新しい手法を積極的に学び、顧問先に還元される姿勢は、まさにこれからの労務コンサルタントだと思います。

「選択制401kで
会社の税金と社会保険料が軽減」

古館 伸二
Shinji Furutachi

Profile

株式会社ニュートラル・ホールディングス
代表取締役CEO

佐賀県出身。自動車販売業界を経て保険業界に。

販売代理から購買代理をコンセプトにした来店型保険ショップ「Dr. ほけん」を九州で最初に展開。「選択制確定拠出型年金」「住宅ローン」「資産運用」「不動産」「信託業務」を行うグループ会社を率い、日本では一般的な、保険に偏った提案をせずトータル的な提案を目指す。

信条は、日本人にもっとお金のことを知ってもらうこととどこまでも中立であり続けることだ！

Contact

〒812-0011
福岡県福岡市博多区博多駅前 3-4-8 ダヴィンチ博多シティ4F
tel. 092-412-5300　fax. 092-412-5858
e-mail tachi@neutral-hd.jp
URL http://www.neutral-hd.jp

選択制401kで会社の税金と社会保険料が軽減

中小企業こそ、401kの導入をすべき

401k（確定拠出年金）は2001年に確定拠出年金法が施行されてスタートした制度です。その仕組みは、拠出された掛金を個人ごとに積み立て、掛金とその運用益の合計額をもとに将来受け取れる年金額などが決定されます。会社が契約者となって契約をしますが、運用は加入者個人個人の自己責任のもとに行われ、その実績次第で、将来受け取る年金額が変わることなどが特徴です。

確定拠出年金制度の中でも、給与からどのくらいを拠出するか（毎月いくら掛金として支払うか）を社員一人一人が選択できるタイプの制度があり、これを「選択制確定拠出年

金制度（選択制４０１ｋ）」と言います。つまり、選択制４０１ｋとは、企業が契約者になって、従業員の自主的な努力による年金資産の構築を支援するための賃金体系の仕組みであり、従業員は、給与の一定額について、現在受け取るのか、将来受け取るのかを選択することができる、というものです。

この選択制４０１ｋは、企業にとっても従業員にとっても非常にメリットがある便利な制度ですが、これまでは、その導入や手続きの手間と、導入コストがかかることなどから、中小企業への導入が遅れており、主に大企業が活用する制度というイメージが強い部分がありました。しかし、この制度は中小企業にとっても大きなメリットがありますから、活用しないのは非常に勿体《もったい》ないのです。

会社や従業員にとっての導入メリット

実際にどのようなメリットがあるのか、ひとことで言うと「選択制４０１ｋは、社員の資産形成を促すと同時に、会社の社会保険料も軽減できる」ということになります。つま

り会社にとっても　従業員にとっても、双方共にメリットがあります。

会社・従業員共にメリットとなることとして、次のものがあります。

①社会保険料を軽減（節税になる）。

②福利厚生の充実によって企業イメージや人材採用力がアップ。

加えて、従業員には次のようなメリットもあります。

①所得税・住民税の軽減による手取り所得が増加。

②運用益は非課税扱い。

③福利厚生制度充実による安心感と士気力アップ。

選択制確定拠出年金の活用例（1）

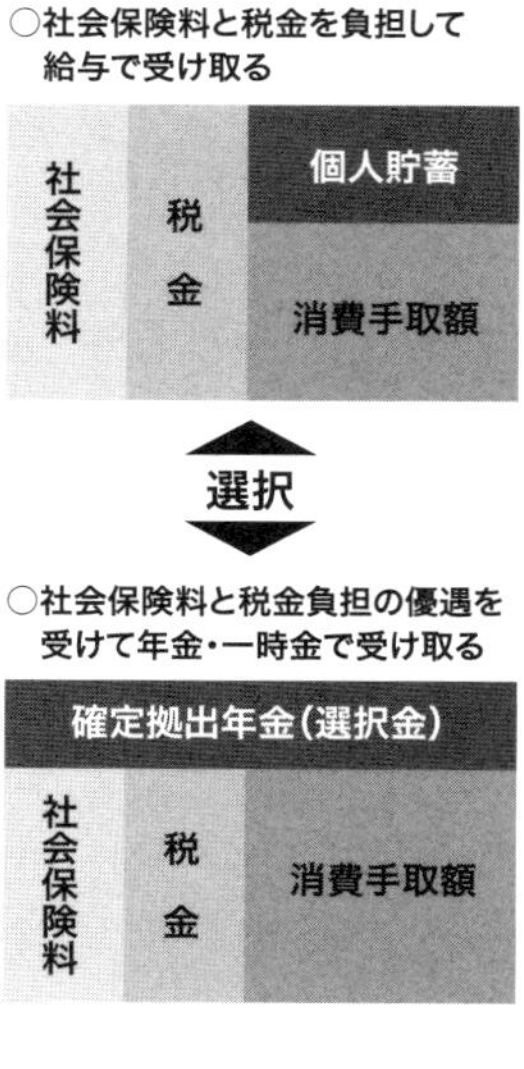

現在は、額面給与金額から、税金や社会保険料が控除されたものが手取りとなっています。その手取り額の中から、社員それぞれが貯蓄を行っています。

「選択制401k」を導入することで、給与の中に新たに拠出限度額範囲内（他の企業年金のある会社：25,500円、ない会社：51,000円【平成24年4月時点】）で社員自らが拠出する金額を選択、決定することが可能です。

左図のように、額面給与から社員自らが選び決定した拠出金額分については、税金は課税されず、また社会保険料は算定の対象外となります。

選択制確定拠出年金の活用例（2）

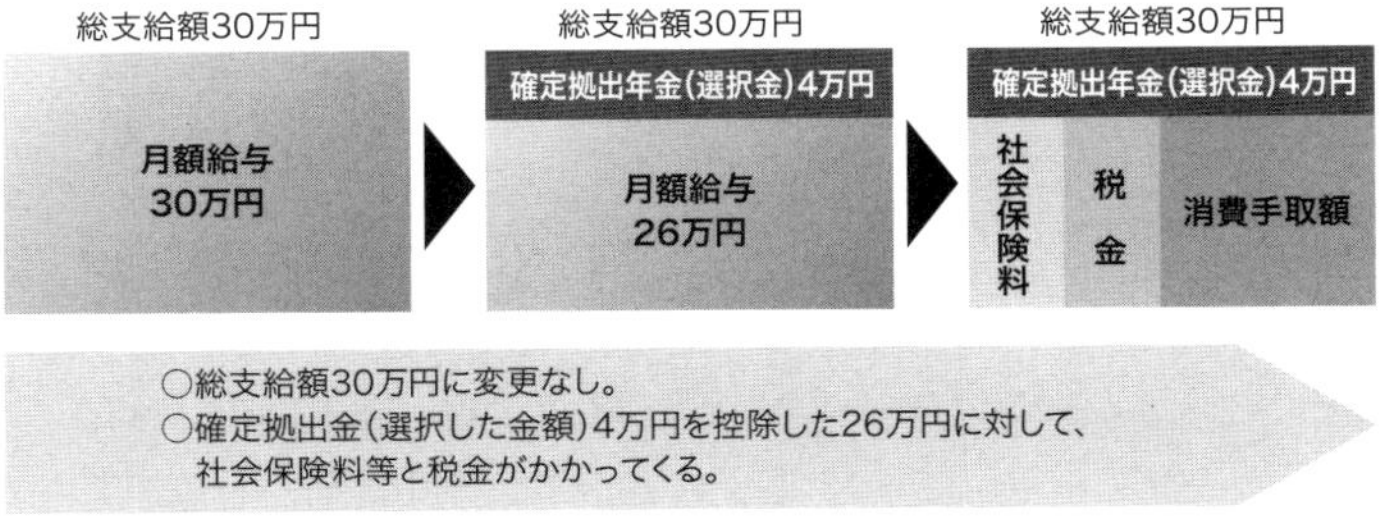

選択制確定拠出年金の活用例（3）

平均給与25万円の社員が掛金25,000円を拠出した場合、下記の表のように1か月あたりの削減メリットは従業員で6,436円、会社で6,076円になります。

	個人で積立		選択制確定拠出年金で積立	
	個人のコスト	会社のコスト	個人のコスト	会社のコスト
給与		¥250,000		¥225,000
確定拠出年金の掛金				¥25,000
厚生年金保険料	¥22,256	¥22,256	¥18,832	¥18,832
介護保険料	¥12,961	¥12,961	¥10,967	¥10,967
健康保険料	¥2,015	¥2,015	¥1,705	¥1,705
児童手当拠出金		¥390		¥330
雇用保険料	¥1,250	¥2,125	¥1,125	¥1,912
労災保険料		¥750		¥675
所得税	¥4,491		¥3,908	
コスト合計	¥42,973	¥290,497	¥36,537	¥284,421
削減効果			¥6,436	¥6,076

会社の財務改善をするための対策には色々な手段がありますが、殆どが会社だけのメリットしか得られないものが多い中で、「選択制４０１ｋ」のように、従業員にも大きなメリットがあるような対策は、他にはなかなかありません。

導入後の管理体制が重要

このように大変メリットの多い制度ですが、注意点や、デメリットと言える面もあります。その点もしっかりと押さえておくことが大切です。

例えば、従業員にとっては社会保険料額が軽減されることで、将来の厚生年金受取額がその分は減少となる、という点も知っておく必要があります。また企業にとっては、制度導入による事務負担やコスト負担の発生などが考えられます。その他、導入後の、従業員からの問い合わせ対応や、従業員向けに選択制４０１ｋで運用する投資商品に関する教育を定期的に行うことなども必要となってきます。

つまり、いくらメリットのある制度でも、こうした導入管理やサポート体制が整っていなければ、制度自体の運用がうまくいかないということになります。また、取り扱う金融機関にとっても、煩雑な事務が避けられないため、これまでは規模のある大企業ばかりが活用してきたわけです。

しかし近年は、導入からその後のサポート、加入者からの問い合わせ対応なども一貫して行うような、専門組織ができつつあり、中小企業でも選択制401kを導入しやすくなってきました。そのため、導入を検討する際には、長期間安定して管理サポートできる体制のある所をよく見極めた上で依頼することがポイントと言えるでしょう。

プロからのメッセージ

人生にまつわるお金の問題に対し、ワンストップで中立的に提案したり、相談にのったりできる場でありたい。そんな思いから複数のグループ会社を傘下に持ち、投資信託をはじめとする金融商品や住宅ローン、不動産、遺言などの信託業務までを取り扱っています。佐賀では同地区では先駆けとなる来店型保険ショップも運営しています。

昨今、私たちが特に力を入れているのが中小企業向けの選択制確定拠出年金制度のコンサルティング業務です。この制度は会社や経営者、そして従業員の方々にとってもメリットが大きい「これからの企業年金」として期待されつつも、これまでその普及は大企業に留《とど》まり、中小企業にはその存在さえ、知られていない状況でした。

実はこの制度は、取り扱う金融機関にとっては事務手続きが煩雑な割に収益が少なく、大企業相手であればともかく、中小企業では割に合わず、それが普及の進まない大きな理由でした。しかし、数年前から合理的な手法を用いて、中小企業にも積極的に取り組む金融機関が登場。私たちも有志を募って、その普及と導入後の安定的な運用が図れる体制を急ピッチで整備しているところです。

私たちのミッションは、確かで質の高い情報をオープンにお伝えすること。こんなにメリットの大きい制度を大企業だけに独占させておく手はありません。知っているか、知らないかで経営の行く末が大きく変わってしまうかもしれない。だからまずは知ってほしいと思うのです。

今後、私たちのお伝えする情報や提案が、皆様の会社がより健全な成長と発展を遂げるための一助になれば、これに勝る喜びはありません。

インタビュアーの目線／

時代の流れを敏感にキャッチして、保険ショップや住宅ローン、中小企業向けの選択制確定拠出年金制度など、新しいしくみを積極果敢に導入していく古館さんの先見性と行動力にはいつも頭が下がる思いです。その原動力となっているのは心の奥に秘めた熱い情熱。今日も熱いトークで私もたくさんの刺激をいただきました。

「若くて勢いのある会社にこそ選択制401kを」

山中 伸枝

Nobue Yamanaka

Profile

株式会社アセット・アドバンテージ
代表取締役
ファイナンシャルプランナー（CFP®）

岩手県宮古市出身。

米国オハイオ州立大学ビジネス学部を卒業後、ファイナンシャルプランナーとして独立する。

企業の未来創造と従業員の将来設計のための最良のパートナーでありたいという思いから、2010年に株式会社アセット・アドバンテージを設立し、加入者教育のエキスパートとして第一線で活躍している。マネーコラム執筆も多数。

Contact

〒104-0061
東京都中央区銀座 6-6-1　銀座風月堂ビル5F
tel. 03-6215-8312　fax. 03-6215-8700
e-mail　info@asset-advantage.com
URL　http://www.asset-advantage.com/

若くて勢いのある会社にこそ選択制401kを

選択制401kの3つのメリット

選択制確定拠出年金（選択制401k）は、企業にとってはもちろん、社長個人、そして従業員の方も含め、多くのメリットをもたらす制度です。その具体的なメリットは、次の3つです。

- 社長個人の社会保険料負担及び税金負担の節減
- 会社の社会保険料負担の節減
- 従業員の社会保険料負担及び税金負担の節減

また、こうした節減効果だけでなく、従業員の方々の意識改革を促し、職場の雰囲気を良くして働く意欲をアップさせるという側面を持っていることも、この制度の大きな特徴と言えます。

ライフプランの実現へ向けた意識改革

日本においては、老後の備えについて漠然とした不安を抱えている人は少なくありません。本来であれば、個々人が自分のライフプランについて早いうちからしっかりと考え、会社退職後にどのような人生設計を描くのか、明るいリタイアメントプランに向けて、早期に積極的な対策を取ることで、不安を解消すると同時に、豊かな老後の実現も可能となります。

しかし実際には、多くの人が、ただ漠然と不安を抱えたまま具体的な手段を講じることなく時が過ぎているのが現状ではないでしょうか。これは非常に勿体ないことだと感じます。

例えばアメリカでは、401kの登場が起爆剤となり、人々の意識改革が進みました。退職後の第二の人生を含む人生全体の「ライフプランの実現」に向けて、積極的な取り組みを推進する風土が根付いている傾向があります。

選択制401k導入により、従業員たちがしっかりとしたライフプランを描き、老後に向けて積極的な対策を取れるようになれば、それだけ夢や目標を明確に持つことになり、モチベーションが上がって、仕事にも高い士気を持ってまい進できることになります。

選択制401kの導入がとくに向いているのは、例えば、起業10年目前後の若い企業や、会社が更なる成長期に入る時期の中小企業、若手経営者や若手の社員が支える中小企業、共に会社を支えてきた社員たちのためにも明るいリタイアメントプランを導入したいとお考えの経営者の方、また二世経営者や女性経営者の方、その他、新しい時代にマッチしたクリエイティブで自発的な年金制度を導入したいとお考えの経営者や企業など、多数の方々が該当します。事業規模を問わず厚生年金加入事業所であれば全ての企業がそのメリットを享受できるのです。時代の先を行く感性を持った企業には、とくに最適でしょう。

低コスト、低リスクで導入が可能

選択制401kは、従業員一人一人が自由に加入の有無や老後資金の準備としての確定拠出年金積立金額を選択できることが特徴です。従業員の方がご自分で決めた金額を給与から拠出し、これにより、社会保険料と税金の節減となり、かつ、老後資金の不安を解消することができます。図表1の通り、従業員20名の会社のモデルでは、年間の社会保険料が約100万円の節減となります。導入時に導入コスト約20万円と月々のランニングコストが1万円ほどはかかりますが、毎年100万円の節減になるのですから、会社にとっても、明らかに元が取れることになります。

図表1　会社の社会保険料削減例

	確定拠出年金（401k）積立金額	会社の社会保険料削減額（年間）	構成人数
給与100万円の社長	51,000円 （年間612,000円）	34,560円	1
給与50万円の部長	40,000円 （年間480,000円）	54,996円	5
給与40万円の課長	30,000円 （年間360,000円）	87,924円	5
給与30万円の係長	10,000円 （年間120,000円）	33,108円	5
給与20万円の社員	5,000円 （年間60,000円）	16,566円	5

社長と社員20名の選択制401k加入で削減できる会社負担の社会保険料

年間 997,530円

中小企業退職金共済よりも、401kの方がメリット大

従業員の退職金制度としては、選択制401kの他に、国の制度である中小企業退職金共済（中退共）も、耳にされると思います。この「中退共」と「選択制401k」を比較すると、中退共はその掛金を会社が負担し、つまり給与の上乗せで新しい制度を導入することになります。これに対し選択制401kは、従業員の方が、ご自分で決めた金額を現状の給与から財形貯蓄の様な形で拠出しますので、企業側には掛金の負担がありません。

また中退共は、国民年金や厚生年金と同様に国が運営しているため深刻な積立不足が続き、いつまで現状の制度が持続するのか？　という不安もあります。その点、選択制401kは、会社や国の制度と完全に分別して個人の資産として管理されているため安心です。

導入後のフォロー体制が重要

選択制確定拠出年金（401k）は、自分自身の老後の積立をするだけで、加入者は税金

と社会保険料で得する仕組みです（図表2参照）。しかし、本当に大切なのはその後のフォロー体制です。毎月積まれていく掛金は様々な投資商品で運用されますので、従業員のために投資運用に関するセミナーを開催したり、どの商品を選べば良いのか、どの商品に組み替えればよいかなど、問い合わせへの対応も必要です。もちろん想い描いたライフプランの実現に向けて、教育資金、住宅資金、万が一の保障設計などのアドバイスも必要とされています。

今、こうした情報に詳しく、かつ401kの導入から、その後のフォローまでしっかり対応できるファイナンシャルプランナーの全国組織が構築されつつあります。こうした熱意溢れるFPと出会えるかどうか、ということも会社や経営者、従業員の未来に大きく影響することになるでしょう。

図表2　選択制確定拠出年金 加入者のメリット

	確定拠出年金積立額	加入者が得する税金と社会保険料（年間）	利益率
給与100万円の社長	51,000円（年間612,000円）	215,014円	35%
給与50万円の部長	40,000円（年間480,000円）	119,453円	25%
給与40万円の課長	30,000円（年間360,000円）	126,931円	35%
給与30万円の係長	10,000円（年間120,000円）	40,384円	33%
給与20万円の社員	5,000円（年間60,000円）	20,202円	33%

計算の前提：年収＝給与×12か月、給与所得控除、社会保険料控除、基礎控除のみ算入、社会保険料率は2013年2月現在東京都の料率を使用、住民税は10％で計算

プロからのメッセージ

経済環境の厳しい中、人件費の15％にもおよぶ社会保険料、しかもその負担は年々重くなるばかりです。弊社では「選択制」確定拠出年金を活用し、社会保険料を削減する方法をご提案しています。選択制確定拠出年金は、税制優遇を受けながら有利に資産形成ができる国の制度で、従業員様に不利益を与えることなく、むしろ、メリットを提供しながらコスト削減が実現します。

私自身はアメリカの大学を卒業後、メーカーに勤務し、人事、経理、海外業務を担当。留学経験や海外業務・人事業務などを通じて、これからは一人一人が自らの知識と信念で自分の人生を切り開いていく時代と痛感し、お金のアドバイザーであるファイナンシャルプランナーとして独立しました。

海外生活の経験があること、また私自身が女性であることから、日本に在住の外国人向けコンサルティングや女性のためのキャリア＆マネーアドバイザーとしての相談業務を得意としており、金融機関や企業からの講演依頼の他、マネーコラムや書籍の執筆にも多数関わる機会をいただいてきました。

このような実務経験を積んできた中で、今最も力を注いでいるのが、前述の選択制確定拠出年金です。その普及とサポート体制の充実を図るために、全国にファイナンシャルプランナーのネットワークを構築する他、動画で伝えるメールマガジン「見るマガ」を配信。少しずつですが、その輪が広がってきたことを実感しています。

私たちはこれからも「企業の未来創造をともに、従業員の将来支援をともに……」をモットーに安心いただけるサービスとサポートを提供してまいります。削減効果のシミュレーションもいたしますので、お気軽にご相談ください。全国対応可能です。

インタビュアーの目線／

お会いした瞬間に周りがパッと明るくなるような雰囲気が印象的な山中さん。お金のプロであると同時に主婦や母親という顔を持つからこそ、会社だけでなく従業員もハッピーにしてくれる年金制度の普及に愛情を持って取り組まれているのだと思います。同志のFP開拓のために、全国を精力的に回る情熱にも頭が下がります。

「社長のライフプランは会社と個人の両方で考える」

山本 俊成
Toshinari Yamamoto

Profile

株式会社ファイナンシャル・マネジメント
代表取締役

広島県生まれの東京育ち。

父親も銀行マンという家庭に育ち、慶應義塾大学経済学部を卒業後に都市銀行へ。中立の立場でお金のアドバイスをしたいと考え、保険会社を経て独立。コンサルティングとセールスを切り離した独自のスタンスと保険約款を読み込み学んだ深い知識、幅広い資産運用術が支持される。メディアへの寄稿も多数。

Contact

〒104-0061
東京都中央区銀座 6-13-7 新保ビル4F
tel. 03-3546-2581 fax. 03-3546-2575
e-mail yamamoto@financial-m.jp
URL http://financial-m.jp

社長のライフプランは会社と個人の両方で考える

ライフプランは社長の人生の経営計画

社長はご自身が経営されている会社の将来のことを考え、1年後、3年後、5年後の経営計画について策定をされていることでしょう。しっかりとした経営計画を策定し、それを実行することで会社の永続的な発展と従業員の幸せを追求されていることだと思います。

一方、社長個人のライフプランについてはいかがでしょうか。忙しくて自分自身のライフプランニングまでは手が回らない、という方も多いのではないでしょうか。

社長自身のライフプランは、社長個人にとってのいわば「人生の経営計画書」です。経営計画が無いと会社の発展が難しいように、ライフプランを作っていないと、人生においての効率的で具体的な計画が立てられません。

社長独特のライフプラン

社長のライフプランは、一般の方のそれとは少し色合いが違います。一番大きな違いは、経営している会社があるということです。会社があるが故に、考えておかなければならないこともあれば、会社があるが故のメリットもあります。

以下、ライフプランにおける4つの資金について見ていきます。

(1) 教育資金

ご家庭の教育方針にもよりますが、将来の事業承継を考える場合、お子様に後継者としてふさわしい教育を受けさせる必要があります。

経営されている会社によって、どのような教育が必要かは変わってきますが、高い学歴や専門知識の習得、海外展開を見据えた語学の習得など、将来会社にとってプラスになる教育を検討しなければなりません。

そのような教育を受けさせる場合は当然高い学費が掛かってきますので、事前の備えが必要になります。

(2) 住宅資金

住宅を「賃貸」するか「購入」するか、それぞれメリットがあるためどちらがお得かは一概に言えません。

「賃貸」した場合は社宅扱いとすることで家賃の一部を会社の経費にできますので、会社に利益が出ている場合は税金面でのメリットがありますし、社長個人としても手元に現金が残せます。

「購入」した場合は、会社が金融機関から融資を受ける際に、自宅を担保にすることもできますし、自宅を会社に貸し付けることにより、社長個人が家賃という安定収入を得ることも可能になります。

いずれの場合も普通に不動産を賃貸したり購入したりすることに比べて、社長個人の手元資金を残すことができるので、会社の状況を見ながら、よりメリットがある選択をされるべきです。

（3）老後資金

老後にゆとりのある生活を送るためには、現状の公的年金だけでは老後資金が不足します。会社勇退時の退職金による財源の準備が極めて大切です。

退職金は所得税法上最も優遇されていますので、高い税金の掛かる役員報酬からお金を貯めていくよりも最終的に多くのお金を手元に残せます。

退職金の財源の準備としては会社で掛ける積立タイプの生命保険の活用が効果的です。

（4）投資資金

会社の資金繰りが悪化し、従業員の給与や取引先への支払金額が足りなくなった場合、会社を最後に救うのは社長の個人財産になります。そのため会社のことも考え、意識して貯蓄することが必要です。

ただし、無目的にお金を貯めても意味がありません。会社の経営状態やライフプランに合わせて計画的な貯蓄計画を立てなければなりません。

会社に余剰資金があるようでしたら、敢《あ》えて会社で資産運用をすることで会社の資産や社長の退職金の原資を増やすのもいいかもしれません。

個人と会社の両方でプランニング

以上のようにライフプランにおける様々な資金の計画に会社が絡んでくることが理解できたと思います。会社を上手に活用することで社長個人のみで対策を考える場合と比べ、より効果的なプランを検討することができます。また、実際に会社の社長個人のライフプランは会社の経営状態が良くならないとライフプランの先行きが不安定になったり、プラン自体が成立しなかったりすることが多々あります。そのような場合、会社の売上アップやコスト削減、財務内容が良くなるコンサルティングを併せて行うことで、ライフプランの実現性を高めることができます。

法人コンサルに強いFPに相談しましょう

このような特徴的な社長のライフプランについて検討される場合は、個人だけでなく会社のコンサルティングもできるファイナンシャルプランナー（FP）に相談されることをおすすめします。

一般的にFPと言うと、個人のお金のコンサルティングをするイメージがあり、個々人のライフプランに基づいた将来の資金面における夢や希望の実現をお手伝いするために色々とアドバイスをすることを仕事にしています。ただ、数多くいるFPの中には、例えば銀行等の金融機関の出身者やコンサル会社の出身者で会社経営のコンサルティングができる方もいます。そのようなコンサルタントに相談する方が複数のアドバイザーを抱える必要が無く、効率的です。

ライフプランを検討する場合は、アドバイザー選びにも注意しましょう。

プロからのメッセージ

弊社は東京の銀座に事務所を構え、顧問やコンサルティング収入を主体としたファイナンシャルプランナー会社です。特定の販売商品を持たず、中立的な立場でお金に関する様々なソリューションを提供しています。

ファイナンシャルプランナーと言うと、ライフプランをベースとして家計の無駄な出費を見てくれたり、保険選びや家を購入する際のアドバイスをくれたりと「生活設計のアドバイザー」的な役割を思い浮かべますが、弊社ではファイナンシャルプランナー業務を「法人・個人のマネーコンサルタント」と広義に捉《とら》えています。

つまり個人のコンサルティングだけでなく、専門家とチームを組みながら売上アップや経費削減、節税、相続・事業承継対策等の法人のお金周りのコンサルティングを併せて行うことができます。

また、ビジネスや社会がグローバル化する流れに対応し、国内よりも有利な対策が立てられる可能性がある「海外を活用した様々なソリューション」にも力を入れています。

個人分野においてはプライベートバンクを活用した海外での資産管理、海外の金融商品や不動産を活用した資産運用、ロングステイ等の老後を海外で過ごすためのアドバイスは、国内だけで対策を検討するのに比べ、より効果的なライフプランを検討することができます。

法人分野においても事業面での海外進出のお手伝いや、相続・事業承継で海外の生命保険や信託を活用するなど日本ではできない対策も検討可能です。

私自身、海外での生活経験があり、ここ数年は毎月海外出張に行き、現地でのクライアントのサポートや現地人脈の開拓、リサーチをしています。

今後もグローバルな視点で個人・法人のコンサルティングをしていく所存です。

インタビュアーの目線／

どちらかと言えば口数は少なく、相手の話にじっくりと耳を傾けたうえでアドバイスをされる山本さん。メガバンクの銀行マンから始まり、保険営業を経て、現在の独立系ファイナンシャルプランナーへと転身していったキャリアと現在でも旺盛《おうせい》な海外の情報収集力を見込んで、クライアントのみならず、マスコミからも厚い信頼を寄せられています。

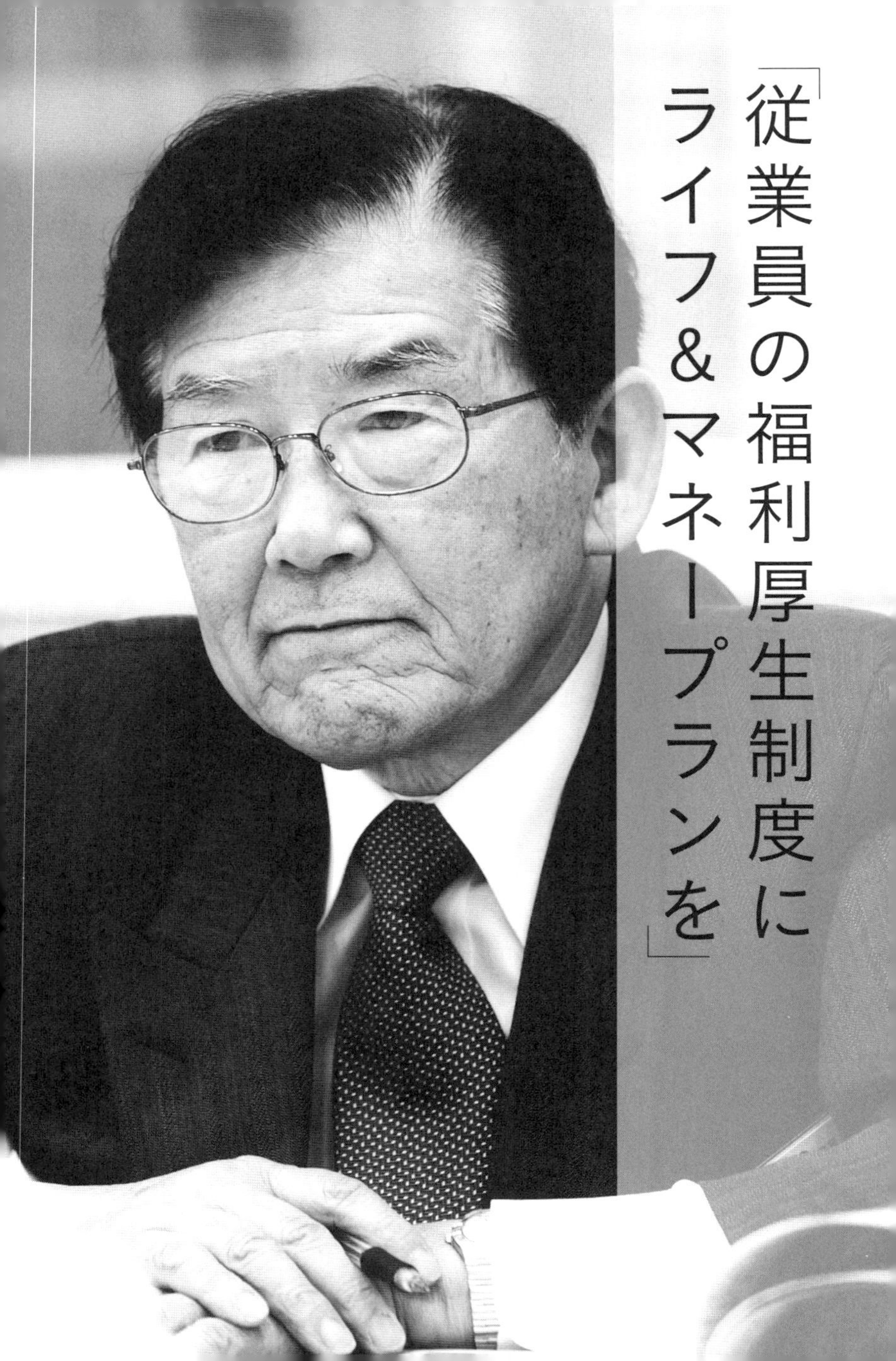

「従業員の福利厚生制度にライフ&マネープランを」

牧野 泉
Izumi Makino

Profile

株式会社トラスト
コンサルタント

海上自衛官（在任中海外留学）退官後、外資系商社に勤務。

以後、外資系保険会社支社長、大手国内生保を経て、現職。

日本の生命保険コンサルティングの草分け的存在として、お客様へ保険プランニングを行う傍ら、牧野塾の塾長として保険会社や保険代理店に対し、保険コンサルティング営業の指導にあたっている。最近では「生命保険診断の達人・リスクチェックトランプ」を開発し、好評を得ている。

Contact

〒187-0002
東京都小平市花小金井 1-3-30-2F
tel. 042-460-7720 fax. 020-4667-1194
e-mail mak@hokenkobeya.com

従業員の福利厚生制度にライフ＆マネープランを

企業の福利厚生制度の現状

「御社の従業員の福利厚生を考えましょう」という提案に対し、会社経営者側からは「うちにはそんな余裕はないよ」という回答をよく耳にします。一般的に、福利厚生と言って思い浮かぶのは、住宅手当や家賃の補助、医療費の補助、各種見舞金、社内旅行、リフレッシュ休暇などです。また最近は選択制４０１ｋの導入提案も、多く見るようになってきました。これらの制度を導入する際には、会社の資金から制度に必要な費用を拠出したり、制度導入の手間などを含め、一時的に費用負担がかかる場合もあり、こうした理由から、「余裕がない」という回答が多く出てくるものと思われます。

では、福利厚生制度について企業側と従業員側とでは、考え方にどのような違いがあるのでしょうか。

下の図は、企業が導入したいと考えている福利厚生制度と、従業員が導入してもらいたいと考えている福利厚生制度のギャップを表しています。

とくに「住宅」「健康・医療」「慶弔・災害」「財産形成」「自己啓発」の部分で大きなギャップが生まれています。そして、住宅分野についてはニーズが一番高い割にはギャップが大きく、従来からある社宅制度、住宅手当、家賃補助、社内融資の制度については企業負担が大きいことから縮小傾向であると読み取れます。

また注目したいのが「財産形成」の項目で、ここは従業員へのライフプランニングや退職準備のマネープラン等が含まれているのですが、企業が思っている以上に従業員のニーズが高いことがわかります。

企業が導入したいと考えている福利厚生制度と、従業員が導入してもらいたいと考えている福利厚生制度

	住宅関連	健康・医療	育児・介護	慶弔・災害	財産形成	余暇・親睦	情報提供	自己啓発
企業調査	16.9%	21.3%	17.3%	9.2%	13.2%	10.9%	14.7%	15.9%
従業員調査	36.2%	31.7%	15.0%	21.3%	21.0%	14.3%	13.2%	26.5%

『人口減少社会における企業の福利厚生制度のあり方研究会　定量調査(2008)』
(明治安田生活福祉研究所)より抜粋（単位%）

企業負担が小さく、効果的な「財産形成」の福利厚生制度

「財産形成」の分野の制度導入として考えられるのは専門家によるセミナーや個別相談会の開催です。実は、この「財産形成」に関する福利厚生制度を導入する方法が企業にとっての費用負担が小さく、しかし最も効果的な福利厚生策と言えます。企業負担が小さい理由は、専門家に依頼する際のコストが安く抑えられるからです。財産形成の分野を担うライフプランやマネープランの専門家は、ファイナンシャルプランナーや保険コンサルタントであるため、企業でのセミナーや相談会を開催することは彼らの営業チャンスの場となるため、通常のセミナーや個別相談に比べて、割安の料金で依頼することが可能です。

そして、従業員の人生設計やお金の内容が改善されると、先の図にあった「住宅」や「健康・医療」等のギャップの改善にも繋がります。

ライフ&マネープランニング導入例

セミナーや個別相談会を企業で開催する場合、次のようなものが効果的です。

①新入社員向けライフプランセミナー&相談会

新入社員が入社するタイミングで、新入社員研修の一環としてライフ＆マネープランセミナーを開催します。新入社員は、資産運用や生命保険、税金、社会保険料についての知識が少ない状態で入社してきます。これらの基礎知識を学ぶことで、今後社会人としてお金に責任を持ちながら仕事をしてもらえます。

②生命保険セミナー&相談会

ひと昔前までは、各企業に生保レディが訪問し、職場や食堂、休憩室等で保険の案内をしてくれましたが、今は個人情報管理の観点から生保レディの出入りを禁止している会社が増えています。保険営業されることが無くなるのが良いと言う人もいますが、その半面、保険に入りたくても誰に相談すればいいかわからず、保険の仕組みや有効活用の知識を持たないまま、無保険状態の人も増えています。こうした社員に向けて、生命保険やお金に関するセミナー・相談会を開催することは、社員にもメリットとなり、また無保険状態でいざ病気や怪我をしたときにお金が足りなくなる従業員が減ることは、企業側にとってもプラスになります。

③住宅関連セミナー&相談会

住宅の新規購入や住宅ローンの繰り上げ返済など、住宅購入者・予定者向けのセミナーや相談会を開催することで、従業員がより有利に住宅購入ができたり、ローン返済を減らすことができます。住宅に関する福利厚生制度が足りないと感じている社員が多い会社には、非常に有効な対策です。

④老後対策セミナー

会社退職後の老後にフォーカスしたセミナーや相談会を若い従業員を中心に開催します。若い従業員にとって老後の不安は、年配の従業員以上に切実です。年金の受給年齢が後ろ倒しになったり、先々、公的年金が削減される可能性があるなど、老後の年金不安が大きい世代だからです。生命保険や財形預金、４０１ｋ、投資商品などを活用した、自分年金の作り方を学ぶことで、老後対策が検討でき、安心して働ける環境が期待できます。

⑤退職予定者向けセカンドライフプランセミナー＆相談会

近く退職を迎える従業員向けに、退職後のセカンドライフプランについてのセミナーや相談会を開催します。退職金の受け取り方や年金の金額等を把握し、早めに退職後の人生設計について検討することで、退職までの期間を安心して働き、また退職後はスムーズに第二の人生を歩むことができます。

お金の健康は仕事の健康

従業員のお金の健康は仕事の健康にも繋がります。例えば、下記にあるようなお金の不安をかかえたままでは、心身共に悪影響となり、良い仕事ができません。従業員のお金の状態を健康に保つため、福利厚生の一環として、ライフプランやマネープランを提供することを、是非ご検討ください。

仕事にもマイナスとなる
従業員のかかえるお金の不安事例

- カードローンの返済が多い
- 住宅ローンの金利が上がり返済額が上昇
- 子どもの教育費の負担が大きい
- 資産運用に失敗した
- 病気の治療費で貯金が無くなった
- 退職後の生活費が足りない

プロからのメッセージ

保険の業界に入って長いこと経ちます。お世話になったこの業界への恩返しの気持ちもあって、「牧野塾」という保険コンサルティングを学ぶ私塾を開き、後進の指導にあたっていますが、一方で生涯現役を貫き、自らもお客様のもとへ毎日のように足を運ばせていただいています。

昨年からは、ご縁をいただいた熊本の保険代理店に同行して、法人・個人を問わず、地域のお客様のもとへ伺う取り組みをしています。今でこそ、大手の保険ショップをはじめ、生保も損保も同様に取り扱う総合代理店が増えてきましたが、まだ地方では生保は国内生保のセールスレディ、損保は地域の損保代理店というように、窓口がバラバラであることが多いという実情があります。

お客様の立場からすれば、生保も損保も同じ「保険」なのですから、一つの窓口で手続きができれば便利なはず。しかし、長年損保一筋でやってきた代理店の方々にとっては、どうしても生保への苦手意識があってすすめ難いのです。そこで私が生保担当として現場に入り、自動車保険等の更改手続きの後に生保の見直しもおすすめして、生損保ひとまとめにしたサービスの実現に取り組んでいる次第です。
前述の「牧野塾」でも損保代理店に向けた生保の取り組み方を指南しているわけですが、それはお客様に無駄なく、漏れなく、確かな保険に入っていただきたいという一心で、自発的に行っているものです。生保と損保の窓口を分けていることでどうしても無駄や漏れが出てしまう。業界の都合だけでこんな状態を放置しておくわけにはいきません。

一人でも多くの総合コンサルタントを世に送り出し、一人でも多くのお客様に真の安心を提供できるよう、これからも微力ながら活動を続けていきたいと思っています。

インタビュアーの目線／

お目にかかるたびに最新の保険事情を子細にご教授くださる牧野さんは、まさにプロフェッサー(Professor：教授）というイメージそのもの。ベテランの域に入りながら、わからないことがあれば、臆《おく》することなく保険会社に電話を掛けて言質を取る姿勢は、我々若輩も見習いたいものです。その実、すこぶる人間臭いところも魅力です。

「海外活用で法人も個人も新たな一歩を」

前田 隆行

Takayuki Maeda

Profile

株式会社マル
代表取締役

北海道札幌市出身。

極真空手では、北海道の無差別級で2回優勝した他、高校生大会、軽量級、中菱級で優勝。アメリカではワールド大山空手の全米大会にて2回優勝。空手留学後は、通信会社、不動産会社を経て、外資系生命保険会社に入社。その後、株式会社マルを設立し、独立後まもなく各保険会社から数々のタイトルを受賞。現在では、節税のコンサルティングの他、世界中の金融商品のオーダーメイドサービスを提供している。

Contact

〒107-0062
東京都港区南青山 1-3-1 パークアクシス青山一丁目タワー602
tel. 03-6826-1122 fax. 03-3403-3338
e-mail takayuki-maeda@maru-maru.jp
URL http://www.maru-maru.jp/

海外活用で法人も個人も新たな一歩を

経営者はもっと海外に目を向けるべき

長く続く不景気の影響から日本国内の景気、経済は未だ回復の兆しが見えてきていません。成熟した日本経済は、安定こそしているものの、昔のような大きな成長は見込めません。

片や、世界に目を向けると例えばアジアや第二新興国と言われる国々には、経済が拡大し、ビジネスが活況なところも数多く見受けられます。

これまで、海外を活用した対策と言えば、大手企業や一部の大口資産家が行う、というイメージが強かったですが、近年ではインターネットを活用して情報を入手したり、スカイプを活用して無料で海外と打ち合わせができたり、ＬＣＣ（格安航空会社）の登場により安価に海外への移動が可能となったりと、海外活用にかかるコストは低くなりつつあります。

そのため、中小企業やその経営者たちにとっても、海外投資などを活用しやすい環境が整ってきています。今、中小企業の経営者にこそ、思い切って広い視野を持ち、海外に目を向ける時代が来ていると言えるのではないでしょうか。

海外活用は新たなチャンスがいっぱい

海外活用にはいくつかの方法がありますが、まず一つ目として、これまで国内でまかなってきた生産ラインを海外へと移すことで、生産コストを軽減する方法があります。

今、第二新興国やアジアの国々では、日本やアメリカ、ヨーロッパなどに比べると物価が非常に安いので、工場や店舗などの設備費用が抑えられ、その設備内で働く労働者の人件費も安く済むというメリットがあります。加えて、経済成長率が日本よりも高く、人口も毎年増加し続けています。ですから、こうした国で海外ビジネスへの一歩を踏み出すことは、新たなマーケット開拓など、会社の売上アップに繋がるようなビジネスチャンスが期待できるのです。

二つ目の活用方法は、会社の資産形成あるいは社長個人の資産形成としての活用です。低迷している日本国内の投資商品とは異なり、特徴的で、高配当・高収益の投資商品が多数ありますので、これらを上手に活用し、資産形成のスピードを加速することが可能です。

もちろん、リスクもありますし、税金の問題など注意しなければならない点もありますが、それでも資産形成をする上での選択肢の幅が広がるのは、十分に大きなメリットと言えるのではないでしょうか。

実際に、これまで国内で行ってきた資産形成を、少しずつ海外資産へ移転していくことで、一気に資産形成のスピードを速めたという方も数多くいらっしゃいます。また、生命保険などを活用して会社の内部留保を構築していき、これらを海外ビジネスや海外投資への足掛かりとするなどの方法を取る経営者の方も増えています。

このように、海外活用には、企業の生産コスト削減などの他、会社や個人の資産運用から企業の決算対策など、幅広い利用価値があります。

まずはセミナーやビジネスツアーへの参加を

とは言え、実際に海外活用に目を向けようと思っても、一体何から手をつけていいのかわからないという方も多いことでしょう。海外での会社の設立方法や、物品・情報の入手方法についても、皆目検討がつかないという方もいると思います。

こうした方々に向けて、海外活用をサポートする会社などが、各種のセミナーを開催していますので、まずはそこに参加してみる方法がおすすめです。

こうしたセミナーでは、専門家の話が聞けたり、個別相談を受け付けている場合もありますので、上手に活用しながら現地の情報を得たり情報収集をしていくことが可能です。こうした場を有効に活用して、海外活用の知識を深めたり、現地に詳しい人や実際に海外活用に取り組んでいる人と人脈を作っていくことからスタートする方法が、現実的と言えるでしょう。

また、「海外視察ビジネスツアー」を用意しているコンサルティング会社などもあります。実際に現地を訪れてみると、新たな発見や見聞を得るチャンスも広がり、また現地の人脈を作ることで、より具体的な方法を模索しやすくなり、メリットやデメリットなども含め肌で体感することも可能となります。

海外活用の注意点

ただし海外活用には注意点もあります。とくに、いい加減なアドバイザーや、詐欺まがいの業者も少なからず存在していますので、その点は十分に注意が必要です。つまり、アドバイザーや支援業者選びが重要なポイントとなります。

対策としては、信頼できる知人や団体から紹介を得たり、複数の先達からアドバイスを聞き比較をしてみること、また相見積もりを取って価格の違いをよく研究してみるなど、複数の方法を講じることをおすすめします。

プロからのメッセージ

私たちは、保険・不動産・ファンド・航空機など、世界中の金融商品をプロの視点で選《え》りすぐり、お客様ごとにオーダーメイドのファイナンシャルプランを提供する「マネーコンシェルジュ」です。お金にまつわることをマルごとアドバイスできる会社を目指して、社名を「マル」と名付けました。

「知的美人セミナー」と名付けたお金・健康・心に関する女性向けセミナーでは、これまで数千人以上の方々に他では聞けないマル秘ノウハウを提供してきた他、外貨や不動産、ソーラー等の資産運用セミナーも積極的に開催しています。

また中小企業様には、キャッシュフローの改善や資金繰り策といった財務面をトータルにコンサルティングしながら、国内最大級のシンクタンクや社会保険事務所、税理士、会計士、信託会社、プライベートバンカーなど、多岐にわたるネットワークを活用して、企業ごとに最適・最良な資金繰り策をご提案します。

こうした事業を生業にしている背景には、代表である私自身がニューヨークに留学中、世界金融の中心地でオフショアやタックスヘイブンといった金融知識に目覚め、帰国後も

IT企業の投資部門で投資案件を多数担当していたことがあります。

とくに海外とのネットワークは、私が滞在していたアメリカの他、イギリス、ドバイ、香港など、世界に広がっており、リアルタイムで入手した世界の金融情報や業界動向をもとに、グローバルな視野でアドバイスできる点が強みです。

もちろん、お客様にとって大切なことは、知識やキャリアよりも信頼であることは間違いありません。これまでに築いた信頼をより積み重ねていけるよう、切磋《せっさ》琢磨《たくま》してまいります。

インタビュアーの目線／

セミナーの案内を自社ホームページはもちろん、駅構内等で配られているフリーペーパーでも頻繁に見かけるのですが、お客様とのコミュニケーションの取り方は業界内でも図抜けた存在だと思います。また、武道家でありながら海外とのパイプも太い前田さんは、まさに日本のグローバルビジネスマンという印象です。

「経営の大局を見て、
センターピンを見極める」

古川 真一

Shinichi Furukawa

Profile

株式会社アーネストプレイス
代表取締役
一般社団法人　住まい生活支援共済会　理事
一般社団法人　社会事業創研　理事
一般社団法人　保険健全化推進機構　理事

大学卒業後、損保会社に4年間勤めた後、難しいと言われていた保険代理店の企業化・組織化を求め1999年に独立。

保険代理店の組織化への着手と共に、沖縄の学校法人の副理事長・静岡の学校法人の理事・ドイツ系日本企業の代表取締役を歴任。現在は、法人マーケットを中心に活動する東京、店舗展開をする沖縄での保険事業と共に、新事業の支援や沖縄に進出する企業の支援等、活動領域を広げている。

Contact

〒102-0083
東京都千代田区麹町 3-5-2　ビュレックス麹町7F
Tel. 03-5275-6411　fax. 03-5275-6412
e-mail　s-furukawa@earnestplace.com
URL　http://www.earnestplace.com/index.html

経営の大局を見て、センターピンを見極める

ミクロの視点ではなくマクロな視点で

経営者は会社を経営する上で様々な問題に直面します。将来の資金繰りや労使問題、売上アップのための様々な対策など、こうした、経営上の解決すべき問題への対策手段として、各種の専門家がいたり、多種多様なソリューションも提供されています。

これらのソリューションは、ただ闇雲に導入すればいいわけではなく、どのような経営判断のもとに、どのような手段を選択するかを正しく見極める必要があります。そのためには、目先の結果だけを考えるのではなく、広い視野で大局を見る、という観点で判断をしていくことが大切です。

例えば、決定権者を紹介してもらう場合——。

決定権者に通じるからと、安易に紹介をもらうことは避けなければならないケースもあります。決定権者を紹介してもらうことで、短期的に見れば物事を解決する近道になるかもしれませんが、組織の役割を超えてトップダウンで進めてしまったために、現場からの抵抗に遭うことがあります。

現場の人の心情を思い、トップの影響力を見極め、時期・相談する順番、相談内容、その後の展開等々、紹介一つとっても様々な観点から判断することが大切です。

こうした大局を見るマクロな視点を磨いていくためには、多種多様な立場などの経験値を得ること、また、多様な経験値の持ち主との人脈を持つことがカギとなります。マクロな視点を磨くことで、経営問題の「センターピン」が見極められるようになります。

センターピンとは何か

「センターピン理論」とは、ビジネスを成功させる重要なポイントを、ボウリングのセンターピンに喩えたものです。ボウリングの先頭の真ん中のピンをセンターピンと呼びますが、ボウリングをする際には、まずはセンターピンをきっちり倒していかなければ、他の全てのピンを倒すことが難しくなります。

センターピンを外せばストライクは取れません。逆に、センターピンをしっかり倒せれば全てのピンを倒す確率が高まる——、これはビジネスにおいても同様で、センターピンとなる事柄や人をしっかりと把握して、まずは確実にそこにたどり着くことが成功に繋がる、というのが「センターピン理論」です。

センターピンを見極める

例えば、国の認可が必要な介護福祉事業において、国の認可が下りないために、今まで費やしてきた全ての労力や資金が無駄になるというような事案もありました。

最終的には、然《しか》るべき筋を通し、然るべき人を通じ、然るべき手続きを取ることで、事なきを得ましたが、一歩遅ければ大きなダメージを受けていたのです。

問題が発生したときに、その解決策のセンターピンを見極め、どのような手続きをすれば最も有効なのか、またはどのような方に筋を通す事で道が開けるのか、情報や人脈を駆使してセンターピンにたどり着くことで、ビジネスとして世に出るチャンスやスピードが一気に加速することになります。

そして、何がセンターピンとなるのかをしっかり見極める感性を磨くには、多彩な人脈を持つことがカギとなります。

人と人との繋がりこそ財産

ビジネスにおけるセンターピンとなる事柄には、「人と人との繋がり」によって解決がもたらされるケースが多いと感じます。

経営問題を解決できる専門家を見つけることや、そのビジネスを成立させる、もしくは成立しやすくできるキーマンの紹介を受けることが、そのビジネスの成功の可能性をより高めるからです。

こうした人脈は、自分自身で時間をかけ築いていく方法と、信頼のおける人からの紹介による方法がありますが、どちらにしても、お互いに信頼が構築できていなければ、良い人脈に発展していきません。人から「信頼を得る」までには、それなりに時間もかかるでしょう。だからこそ、早い段階でセンターピンを見極め、その解決の手段となる人脈を探すために素早く行動に移すことが大切です。

目先のお金のためにビジネスをしている訳ではなく、理念があり、それが実現した世の中があるからこそ、リスクを顧みずに取り組んでいる経営者の方がほとんどだと思います。そのような方々が経営問題に直面した際、人脈があるかないかでその問題を解決できるかできないかが決まることもあるのだと思います。

経営問題の解決にはマクロな視点を持ち、センターピンを見極めて効率良く問題解決をし、ビジネスを成長させ、新たな道を切り開くことで、会社のステージを一段階上げてもらえればと思います。

プロからのメッセージ

保険を取り巻く現状を変えたい。１９９９年4月、そんな想いを胸にアーネストプレイスは産声をあげました。弊社の一番の特徴といえば、やはり沖縄に特化した来店型保険ショップの運営です。地元のショッピングセンター「サンエー」の大型・中型店全てに店舗展開をすべく活動しています。

保険ショップというと個人のお客様中心のように思われがちですが、実際には東京麹町の本社はもちろん、沖縄の各店にも経営者やドクターに来店を頂き、法人の取引先が多いのも特徴です。

様々な業種の経営者の方とお話をさせていただく中で感じるのは、どんな経営者も同じような悩みを抱えていらっしゃるということです。保険ありきの相談というよりは、同じ経営者として、売上やキャッシュフロー、人材など、経営者として普遍的なお悩みを伺うことがほとんどです。

その中で多数の会社とお取引いただけているのは、売上をはじめとした経営課題に対して、保険で解決できることが少なくないということをご理解いただけたからだと思います。

そして経営者はみんなとてもお忙しい。私たちは保険のことをシンプルにわかりやすく、そして短時間で端的にお伝えすることに徹底的にこだわっています。

病気や死亡、事故などはもちろん、経営者がどのような不測の事態になったとしても、取引先や銀行、従業員の方々に対して、それまで積み上げてこられた信用や信頼を失うことがないよう「経営そのものを守る」ということを主眼に、これからも保険の価値をお伝えしていきたい。いかなる経営課題にも相談に乗れるような体制へと全社を挙げて取り組んでまいります。

インタビュアーの目線／

スマートな印象とは裏腹に「保険の本当の姿を世の中にきちんと伝えていきたい」という熱いハートの持ち主です。それでは、直球勝負のタイプかと思えば、厚生省（現・厚生労働省）の事務次官を経て内閣官房副長官を務められたお父様の影響で築かれた人脈もあり、時に強力な交渉力や折衝力を発揮して人と人との橋渡しに尽力される、腰の強い経営者の一面も。社会に出る前から人脈を築いてきた古川さん、人と人との繋がりを大切にされる姿勢には感心させられます。

「海外における中小企業のリスクマネジメント」

中西 主
Chikara Nakanishi

Profile

マーシュ ジャパン株式会社
代表取締役社長

学卒後、外資系保険会社等を経て、保険ブローカーのセジウィックの日本支店に入社、1997年にGMに就任。

1999年同社と現・マーシュ ジャパン株式会社が合併、新規ビジネスに取り組む。その傍ら、大学院にて財務、管理会計を学ぶ。2007年に取締役、2010年1月に代表取締役社長に就任し、現在に至る。

Contact

【東京本社】
〒163-1438
東京都新宿区西新宿 3-20-2 東京オペラシティタワー38F
tel. 03-5334-8200
【大阪支社】
〒541-0047
大阪府大阪市中央区淡路町 3-6-3 NMプラザ御堂筋12F
tel. 06-6231-9055
URL http://www.marsh-jp.com/

海外における中小企業のリスクマネジメント

中小企業経営者のビジネスリスクに対する認識、準備の欠如

東日本大震災——。

地震大国である日本、いつかは襲ってくるのではないかと誰もが不安を抱えながらも、誰もその時を予測し得なかったこの未曾有の大災害が発生して2年が経過しました。震災後2年で様々な企業経営に関わるリスクが顕在化したと言えるでしょう。

地震や津波による財物損壊、サプライチェーンの寸断による需給不足とそれに伴う売上の減少、キャッシュフローの枯渇による決済不能、取引先の倒産による売掛債権の貸し倒れ、建物構造上の欠陥に起因する人身傷害による賠償責任、従業員の怪我や死亡による労

災問題、そして、被災した多くの人々を苦しめる心の痛み（メンタルヘルス）などの問題が、今も尚深い傷を残したまま解決されていません。

企業経営を取り巻くリスクに対して、「備えあれば憂いなし」という格言に異を唱える経営者はほとんどいないのではないでしょうか。ただし、その「備え」の具体的な方法となると、全ての経営者が自社の対策について明確な答えを持っているわけではないでしょう。ましてや、リスクマネジメントという言葉は知っていても、実際のところ、いったい何をすれば良いのかわからない経営者もいれば、自社にはリスクマネジメントなど導入するに及ばずと考える経営者もいるかもしれません。

海外に比して、日本の中小企業経営者のビジネスリスクに対する認識とそのマネジメント能力は、決して高いレベルにあるとは言い難いのが現実です。

まず、企業を取り巻くリスクについて理解を深めていきましょう。次頁の図では、地震や津波に起因するリスクがドミノ的に連鎖する様を示しています。

一例を取りますと、地震発生↓生産工場損壊↓サプライチェーン寸断↓ブランド／社会的信用喪失↓売上・利益減少↓企業存続の危機というリスクのドミノ的連鎖が発生しています。

リスクマネジメントとは、まさに、この地震発生という不可抗力のリスクに対して、いかにして企業の存続を守るか、その術《すべ》を熟考し対策を講じる、ということに他なりません。

大企業においても中小企業に

企業を取り巻くリスクとリスクのドミノ的連鎖

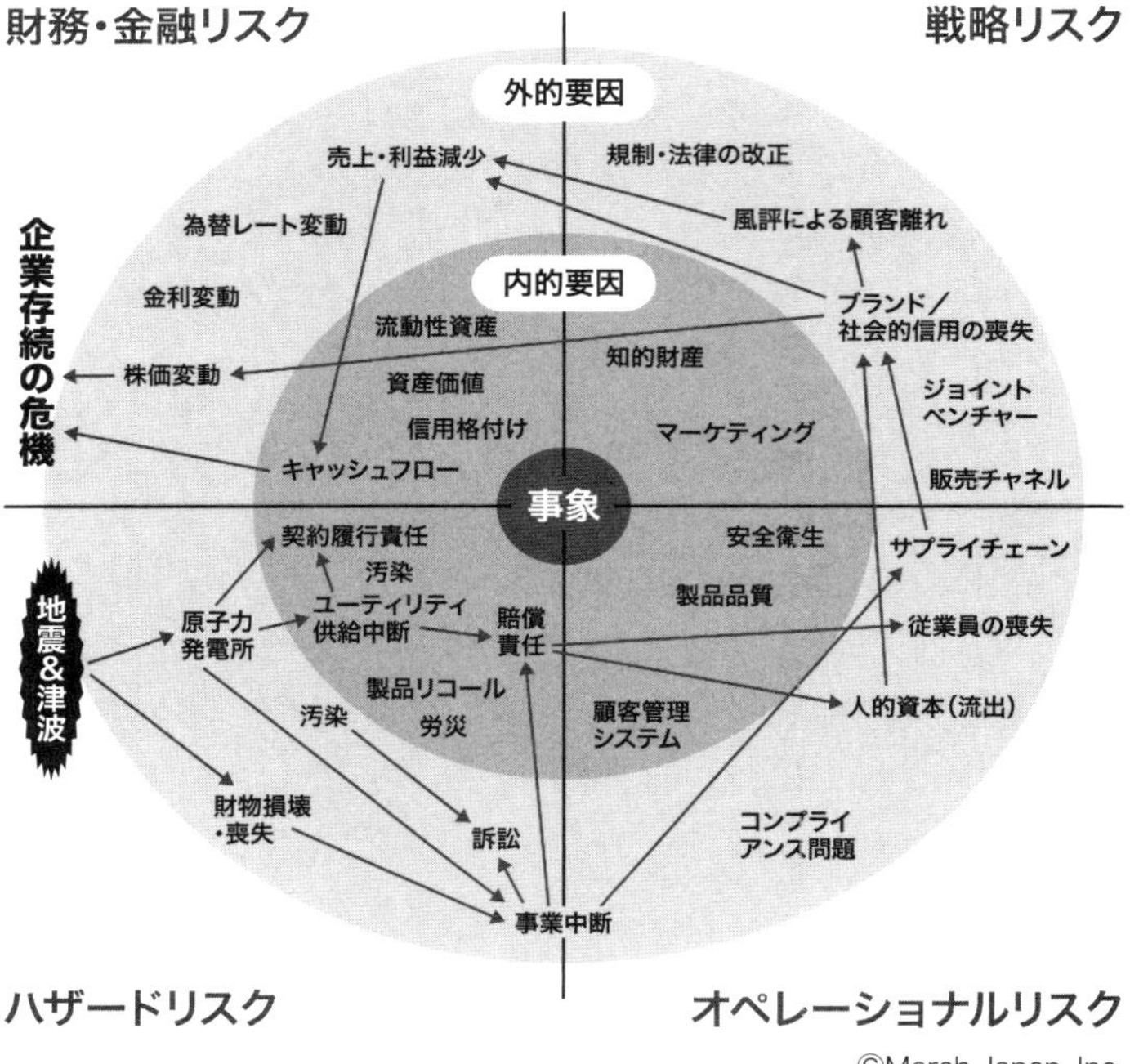

©Marsh Japan, Inc.

おいても、事業活動を行っている限り、そのリスクマネジメントの目的は同じです。事業の規模や取引／会計の複雑性、適用法規などの違いはもちろんありますが、リスクマネジメントに関して、そのプロセスと対処方法の原則は変わりません。

では、中小企業にとって、あるべきリスクマネジメントというのは、どのようなものなのでしょうか？　私たちは、長年リスクコンサルティングサービスを提供している大企業に対して、多くのケースで下の図のプロセスでリスクマネジメントの導入支援を行って

リスクマネジメントプロセス

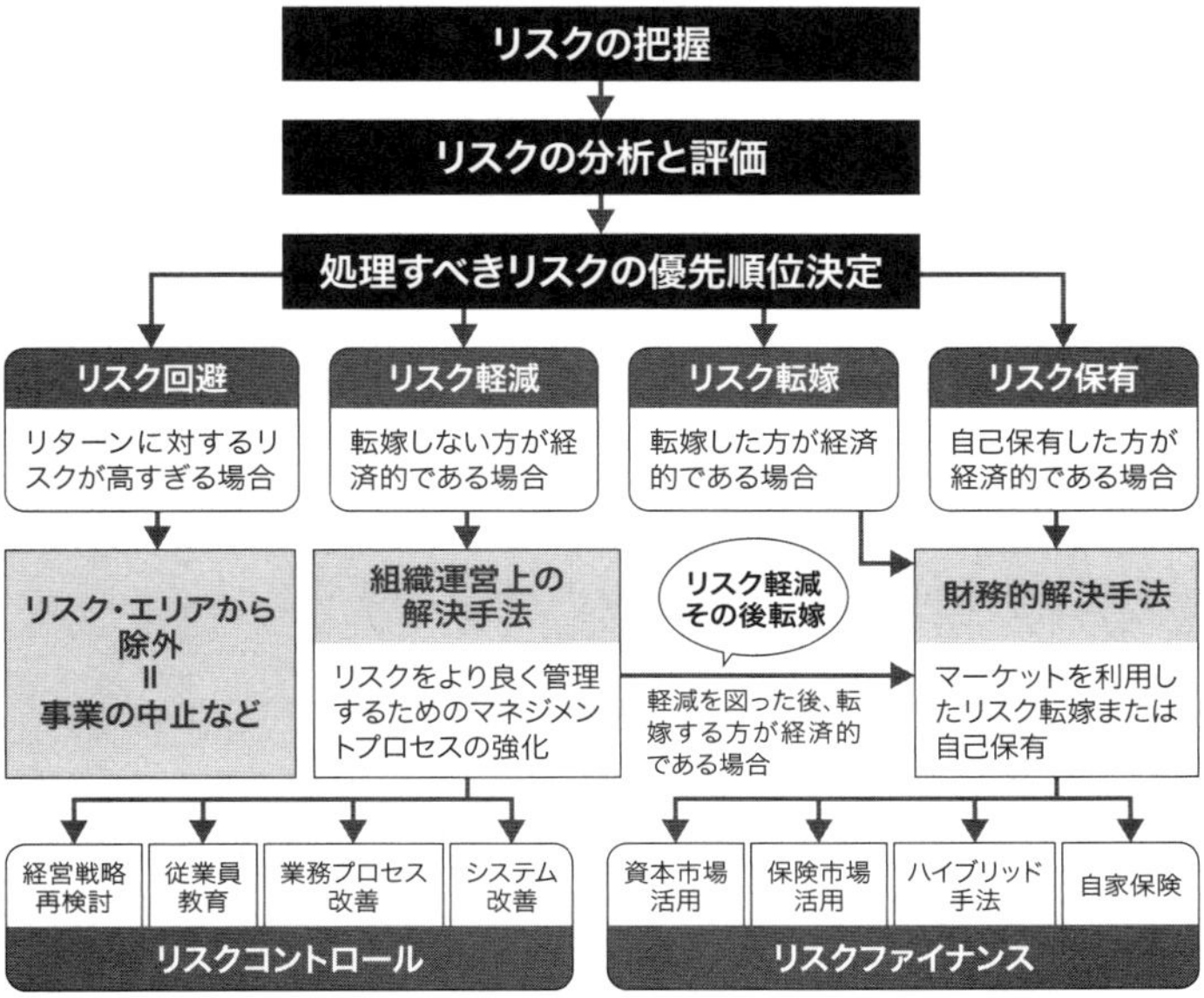

©Marsh Japan, Inc.

います。そして、このプロセスは簡易化されているものの、海外においては中小企業に対してもリスクプロフェッショナルを通じて行われています。リスクマネジメントの基本は、正しいプロセスを踏むことにより青天の霹靂《へきれき》といった事態にも対応することなのです。

再度、地震リスクを例に取って考えてみましょう。

『リスクの把握＝地震』

リスクの分析と評価＝地震から発生する倒壊、火災、津波に起因する財物損壊と利益損害ならびに臨時費用損害（取り片付け費用、仮社屋賃借費用、残業代など）。規模によっては大損害になる可能性大。自社の被害による損害のみならず仕入先、販売先など取引先の被害によるサプライチェーンの断絶も可能性あり。

優先順位＝高

リスクへの対応方法検討
回避＝不可避
軽減＝工場の耐震構造強化、取引先の複数化、事業継続プランの作成
転嫁＝地震保険や利益保険などの購入
保有＝在庫高を増やす、キャッシュフローの改善（大企業の場合は、キャプティブ設立）、災害時における主要銀行とのクレジットラインの取り決め

《検討結果要約》
現実的な選択として軽減と転嫁が検討されました。取引先の複数化や事業継続プランの作成など費用が比較的かからないものは即刻着手することになりましたが、工場の耐震構造強化には相当額の投資が必要ということがあり、費用対効果の観点から地震保険の購入を検討することになりました。

もちろん、大企業においてはそもそも管理すべきリスクがより大規模であり、複雑かつ広範囲であるがゆえに右記のプロセスが必然であるとも言えますが、中小企業にとっても

このプロセスは非常に有効です。

海外における中小企業のリスクマネジメント

それでは、リスクマネジメント先進国である諸外国における中小企業の状況について見てみましょう。日本と酷似するEUの中小企業マーケットと比較してみます。EUにおける中小企業（従業員1名～250名未満、あるいは売上高5000万ユーロ未満）は、企業数においては全体の99％以上を占めており、これは日本の状況と類似しています。AXA社、VERO社による調査をもとに以下をまとめました。

①リスクについての認識

- ■事業規模が小さいほど将来におけるコスト増（人件費、原材料、輸送費、その他販売管理費）について懸念を有している。
- ■オーナー、あるいは極めて少人数に頼りすぎている経営に課題を有している。
- ■40%の企業が、災害時、緊急時における事業継続プランを用意していない。理由は、自分たちの事業規模では、必要ないと信じ込んでいるため。
- ■50%以上の企業は、2カ月分に満たない運転資金（キャッシュフロー）しか用意できていない。23%の企業は、1カ月に満たない運転資金しか用意できていない。
- ■62%の企業は、E-commerceについて、事業拡大のための必須領域と認識しながら、事業プランすら有していない。

(Source : AXA International Small Business Report 10カ国 650社 従業員250名未満 売り上げ€50mil未満 July/Aug 2011)

リスクがそれほど大きくなく、複雑でもない零細企業（従業員5名以下）が保険ブローカー（※）／代理店を起用する機会は、あまり多くありませんが、事業規模の拡大によって保険ブローカー／代理店の起用率は徐々に高くなっています。

②保険の購入チャネル
保険ブローカー／代理店……**50%**
ダイレクト契約……**20%**
インターネット（複数見積もりサイト）／銀行窓販……**30%**

また、インターネット（複数見積もりサイト）を通じての保険購入が、とくに零細企業を中心として増加している。英国におけるトップ4（Confused.com/MoneySuperMarket.com/GoCompare.com/Comparethemarket.com）は、自社のサイト上で中小企業向けの各種保険を販売しています。

※保険代理店は、保険会社から委託を受けて保険会社の代理人として保険募集を行うのに対し、保険ブローカー（保険仲立人）は、顧客（契約者）の指名を受け独立した中立な立場で保険募集にあたります。

何故、保険ブローカーを起用するのか？

現在保険ブローカーを起用している企業は、明確にその価値を認識しています。

まずは、アンケートの結果を見てみましょう。

③何故、保険ブローカーを起用するのか？

■86%の経営者が、保険ブローカーの価値を認識し、サービスに満足している。

■56%の経営者が、保険ブローカーのおかげで、余計な時間が節約でき、その分本来の業務に集中できると評価している。

■48%の経営者が、保険ブローカーを通して、適切な保険を適切なコストで手配できていると評価している。

■26%の経営者は、保険ブローカーを通した方がより低廉なコストで保険が手配できると考えている。

（Source：VERO SME INSURANCE INDEX 2013 Australia, 従業員200名未満の800社を対象）

保険ブローカーを使用している経営者の多くは、保険ブローカーの提供している付加価値サービスに満足しています。

主な理由としてある経営者は、「自分が得意としていない分野において、自分が判断・決定することや情報収集、調査に時間をかけることは、リスクマネジメントになっていない。たとえ目先のコストが削減されたとしても結局のところ総コストとしては余計にかかっている。また、マーケットの引受けが厳しい状況でも、保険ブローカーを通じてベンチマークができるし、マーケットへのレバレッジが効く。保険会社から引受けを断られたり、料率アップを求められても保険ブローカーが交渉してくれるメリットは大きい」とコメントしています。

ダイレクト契約志向について

オーストラリアで実施された調査（VERO SME INSURANCE INDEX 2013 Australia，従業員200名未満の800社を対象）において興味深い結果がでています。

ダイレクト契約へのシフトが徐々にではあるものの進行する傾向にあります。やや複雑な保険手

④ダイレクト契約志向について

■保険を購入するチャネルとして、保険ブローカー（あるいは保険代理店）が主流だが、保険会社とのダイレクト契約も徐々にではあるが増加している。

2011年 保険ブローカー…**65%**、ダイレクト…**35%**
2012年 保険ブローカー…**61%**、ダイレクト…**39%**

■従業員5名未満の企業は、ダイレクト契約の傾向が強い。従業員が20名～200名のレンジにおいて、経営者が40歳未満の場合はダイレクト契約の傾向が強い。

中規模の中小企業（従業員数20名～200名）の保険ブローカー利用率

18～39歳…**60%**
40歳以上……**81%**

配が必要になってくる事業規模（５名〜２００名）では、保険ブローカーを起用する割合が高いものの、経営者が若い世代では、自らインターネット経由で情報を取得しつつ、ダイレクト契約のために保険会社から見積もりを取るケースも増えています。

オーストラリアのダイレクト契約志向の経営者は、保険ブローカーの起用についてどう考えているのでしょうか。調査結果は上の表の通りです。

Q:保険ブローカーの起用に関しての障壁は？

〈便益の観点〉

自分で容易に保険手配できる……**51%**

単なる中間業者はいらない……**44%**

便益を感じていない……**28%**

便益、信頼度、コストの観点からの障壁が指摘される一方で、最も重大なポイントは、その存在、妥当性、付加価値が適切に知らしめられていないということです。ある回答者は、自社にとって適切な保険ブローカーをどこで探していいかわからないとコメントしています。これからの保険ブローカー（あるいは、代理店）にとっては、とくに若い世代に対して、いかにサービスの付加価値を訴えていけるかが勝ち残りの条件になると言えるでしょう。

TCOR（トータル・コスト・オブ・リスク）

最後に触れておきたいポイントとして、海外では企業の規模にかかわらず、TCOR（トータル・コスト・オブ・リスク）という考え方が浸透しています。

海外では、リスクコンサルティング会社や保険ブローカーのサービスが浸透しているので、一般にTCORの考え方が導入されているのです。

TCORとは、実際にキャッシュとして支払う保険料だけでなく、自家保険、すなわち事故時の自己負担額、防災対策費用、事故処理コスト、リスクマネジメント、保険の運営管理コストを合わせた、リスクマネジメント全般に関する総コストを指しています。一般的に保険に関わるコスト削減＝保険料削減と認識されがちですが、保険料だけを下げても、その分事務処理コスト等の目に見えないコストが上がっては意味がありません。

これらの一つ一つのパイを削減して、全体のパイ、即ちTCORを圧縮することが企業の重要な使命と考えられています。

総コストにはこうした、経営者にとって目に見えないコストも含まれています。目先のコストに執着するばかりに、実は、多大な無駄な時間を使い、挙句の果てに付保漏れ等があっては、元も子もありません。保険ブローカー（あるいは、保険代理店）の存在価

トータル・コスト・オブ・リスク／TCOR
— リスク対応費用の最適配分 —

トータル・コスト・オブ・リスク

保険料、事故時の自己負担額、防災対策費等、**リスク対策に対してかけた全てのコスト**。免責金額を高く設定すれば事故時の自己負担額が上がるが保険料が下がる等、各リスクコストはそれぞれ相関性がある。実体のリスクに応じて、リスクに係わるコスト総額を最小化する取り組みが必要。

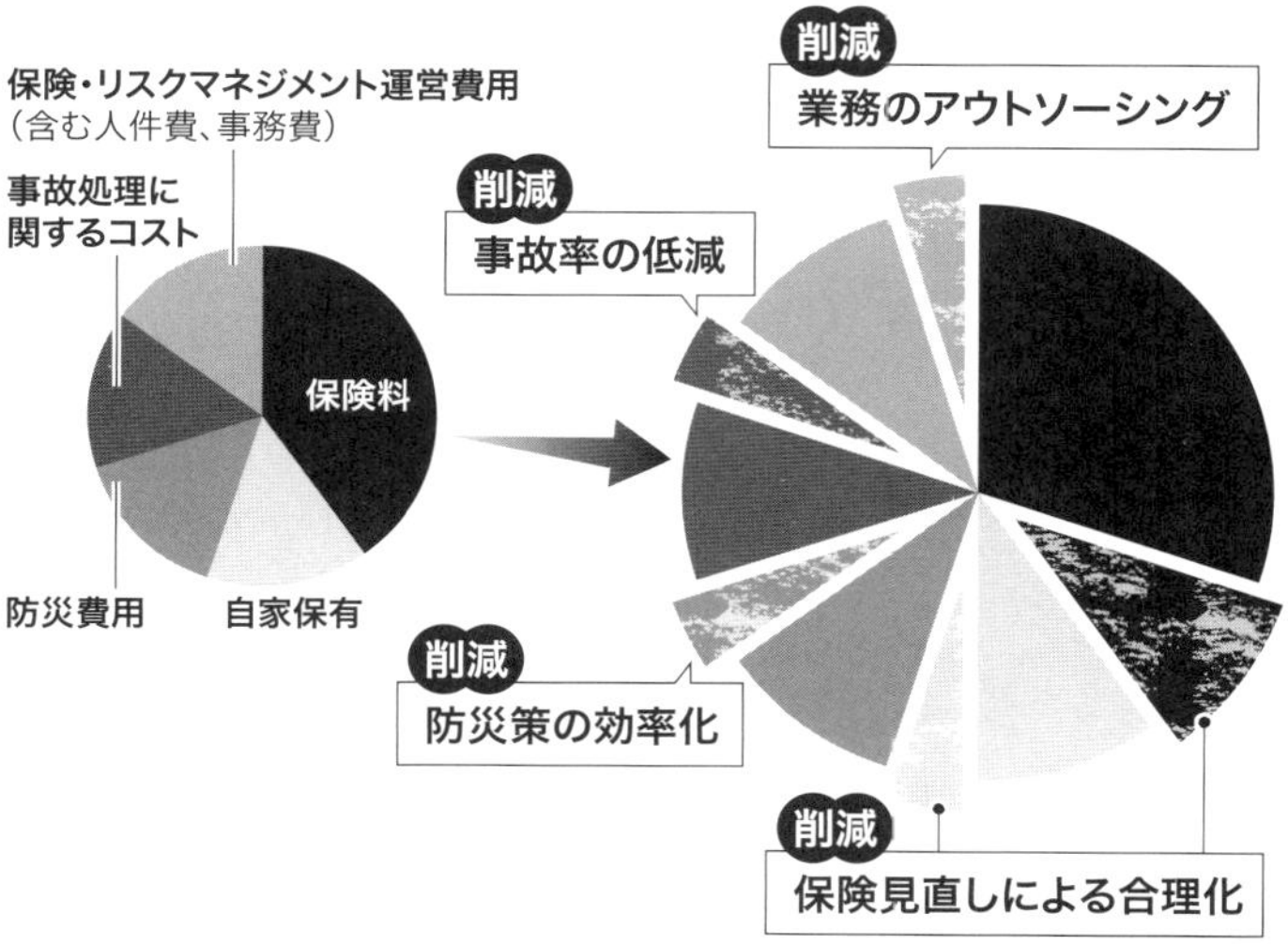

値は、ＴＣＯＲを極めつつ、最適なリスクマネジメントの実現を企業に提供することに他ならないのです。

本書に記載の情報は、取り扱われている主題に関して概観をご理解いただくためにのみ提供されるものであり、個別の状況に対する助言として理解されまたそのように依拠されるべきものではありません。被保険者の皆様におかれては、特定の保険の補償内容の個別の問題については、各自で保険、法律、その他の専門家・アドバイザーに照会いただく必要があります。

プロからのメッセージ

マーシュ ジャパン株式会社は、保険仲介およびリスクアドバイザリーの世界的リーディングカンパニーであるマーシュ・インク100%出資の日本法人として1955年に日本での営業を開始して以来、保険代理業務をはじめ、リスクマネジメント・プログラムや保険戦略をご提案してまいりました。

一昨年の東日本大震災においては、企業向け地震保険の総支払額が保険業界全体で7000億円程度と推定される中、弊社取扱い分は717億円（2013年3月現在見込み）と全体の約10%に達し、日本市場における保険アドバイザーとしての責務に改めて身が引き締まる思いです。

しかし実際には、企業向け地震保険の多くは大企業の契約であり、日本における中小企業のリスクマネジメントはまだ未整備の段階と言わざるを得ません。そこで弊社では現在、SME（Small and Medium Enterprises）プロジェクトを立ち上げ、全国の地域代理店との協業による中小企業向けリスクソリューションの提供に乗り出しました。

当プロジェクトでは、地域代理店の「機動力・地域性」と弊社の「保険会社との交渉力」との相乗効果により、全企業数の99・7%を占めると言われる日本の中小企業に対し、きめ細かなニーズのヒアリングを行うとともに、ニーズはあってもこれまで設計が困難だった保険商品を保険会社と共同で開発。欧米並みのリスクマネジメント・プログラムの普及を目指しています。

保険も一般商材と同様、メーカー(=保険会社)が作った商品を消費者が買わされるのではなく、消費者が必要とする商品をメーカーが作るべきです。実はそれこそが欧米流なのです。私たちは内外の保険事情に精通したプロフェッショナルとして、日本の中小企業に最もマッチしたリスクマネジメントの在り方を創造してまいります。

インタビュアーの目線/

今でこそ、世界的リーディングカンパニーの日本法人トップに立つ中西さんも、その道程は決して平坦ではなく、不遇とも言える経験も伺いました。その逆境をバネに会社と大学院を掛け持ちし、新規事業の開発と財務・管理会計の勉強をやり切ったからこそ、今があるのですね。最近の趣味が茶道というのも、ストイックで勤勉な姿勢を物語っています。

あとがき

この本の執筆にあたっては、前出の専門家20人に取材を行い、その専門性を大いに生かした経営のヒントをご披露いただきました。

登場する専門家に保険代理店が多いのは、保険専業から経営コンサルタント的な立ち位置へシフトし、実際に経営者からも頼りにされるオールラウンドプレーヤーへと進化しているケースが顕著であることの表れのように思います。

現職は保険代理店でも、元々は銀行や信用金庫、投資会社などの金融機関出身である方も多く、その経験からすれば経営者の心強い味方であるのも頷けます。

また、選択制確定拠出年金（401k）の普及に日本中から有志を募って奔走されているグループや新しいアプローチで経営サポートに尽くされている社会保険労務士の方々には、現場発想のリアリティー溢れるヒントをご提供いただき、また世界的保険グループの日本法人代表からは欧米に学ぶ企業のリスク管理についてご教授いただきました。

お忙しい中、お時間をいただいた20人の専門家の方々には、ここで改めて御礼を申し上げたいと思います。

またこの場をお借りして、本著の出版にあたってお世話になった関係各位にも、重ねて感謝申し上げます。

取材にいつもご同席いただき、私の知識不足を補っていただいた株式会社ファイナンシャル・マネジメントの山本俊成氏、日本でも数少ない保険ジャーナリストとして編集をお手伝いいただいた有限会社エヌワンエージェンシーの森田直子氏、本著をご担当いただいた株式会社幻冬舎の鈴木恵美氏。お三方のお力添え無くしては、この出版は実現しなかったと言っても過言ではありません。

そして、専門家たちの人間的魅力を最大限引き出してくれたカメラマンの谷本哲平さん、髙橋亘さん、ヘアメイクアップアーチストの横尾サチさん、長田恵子さん。このチームがあればこそ、20人もの取材撮影が可能なことは、よくわかっているつもりです。それに私を本著の取材執筆に専念させてくれたマネーコンフォート株式会社の皆さん、本当にありがとう。

最後になりますが、これまで私がお付き合いいただいた全ての経営者の方々からの教えや助言があって、この本は世に出ることができました。心から感謝申し上げます。

２０１３年11月

マネーコンフォート株式会社
代表取締役　垣畑 光哉

監修

山本俊成（やまもととしなり）

株式会社ファイナンシャル・マネジメント
代表取締役

1996年慶應義塾大学経済学部卒業後、株式会社三和銀行（現三菱東京UFJ銀行）入社。2003年外資系保険会社AIGスター生命保険会社入社。2005年総合保険代理店株式会社ウィッシュ入社。2008年FP事務所ファイナンシャル・マネジメント設立。2010年株式会社ファイナンシャル・マネジメントに法人化。

個人・法人に対し銀行と保険会社に勤めていた経験をフルに生かした実務的なコンサルティングを行う。

また資産運用やロングステイ等で海外を活用したコンサルティングにも詳しい。

森田直子（もりたなおこ）

有限会社エヌワンエージェンシー　代表取締役
保険ジャーナリスト

保険・金融分野専門の執筆家。大手生保営業職員・保険代理店での営業経験を持ち現場知識に強く、また自らも2人の子を育てる母親として、庶民感覚を重視したわかりやすい文体に定評がある。主な執筆物に、大手保険代理店WEBサイトや保険会社のご契約のしおり等のほか、業界紙・経済紙にて記事・連載等を多数手掛ける。大学キャリア開発講座の講師や業界内外での講演活動など幅広く活動。業界メールマガジンinswatch編集人。著書に『あなたの保険は大丈夫?』（ダイヤモンド社刊）『生保営業のたまごとひよこ』（保険毎日新聞社刊）がある。

著者

垣畑光哉（かきはたみつや）

マネーコンフォート株式会社　代表取締役
日本FP協会認定CFP
「ストーリーズ」編集長

立教大学卒業後、外資系生命保険会社に10年間勤務し、保険の通信販売・店頭販売・職域販売といった多様なマーケティングを経験。1999年に独立、2001年に保険業界に特化したマーケティング会社としてマネーコンフォート株式会社を創業する。以後10年以上にわたり、保険会社や保険代理店に対する現場発想のマーケティング支援を行う一方、最近では経営者や各方面のプロへの取材コンテンツをウェブと書籍で発信するプロジェクト「ストーリーズ」を展開。現在、成長ベンチャー企業の取材のため、国内およびアジアを飛び回る日々を過ごす。

小さな会社のための「お金の参考書」
2013年11月25日　第1刷発行

監　修　山本俊成
　　　　森田直子
著　者　垣畑光哉
発行人　見城 徹

発行所　株式会社 幻冬舎
　　　　〒151-0051　東京都渋谷区千駄ヶ谷4-9-7

電話　03(5411)6211(編集)
　　　03(5411)6222(営業)
　　　振替00120-8-767643
印刷・製本所:図書印刷株式会社

検印廃止

Printed in Japan
ISBN978-4-344-02494-6　C0095
幻冬舎ホームページアドレス　http://www.gentosha.co.jp/

この本に関するご意見・ご感想をメールでお寄せいただく場合は、
comment@gentosha.co.jpまで。